Le Mont Sainte-Odile

et

ses Environs

Notices Historiques et Descriptives

PAR

Aimé Reinhard

STRASBOURG
TYPOGRAPHIE DE G. FISCHBACH
1888

À Monsieur Paul Ristelhuber,

souvenir amical

X. R

LE MONT SAINTE-ODILE

ET SES ENVIRONS

Pl. I.

Entrée du Couvent de Sainte-Odile

LE

MONT SAINTE-ODILE

ET

SES ENVIRONS

NOTICES HISTORIQUES ET DESCRIPTIVES

PAR

AIMÉ REINHARD

Avec les Planches dessinées par Silbermann, gravées par Weiss
et publiées pour la première fois en 1781

STRASBOURG

TYPOGRAPHIE DE G. FISCHBACH

1888

LE

MONT SAINTE-ODILE
ET SES ENVIRONS

NOTICES HISTORIQUES ET DESCRIPTIVES

La plus renommée des montagnes des Vosges, c'est, sans contredit, le mont Sainte-Odile, non pas à cause de son élévation, qui n'est que de 760 mètres au-dessus du niveau de la mer, mais par le vénérable monument qui le couronne depuis douze siècles et par le souvenir de la sainte patronne de l'Alsace qui lui a donné son nom. Et si cette mémoire bénie l'a rendu cher à la piété des fidèles, dès l'époque lointaine où il reçut sa dénomination chrétienne, il est aussi, en quelque sorte, le *sanctuaire historique* de tous les Alsaciens, sans distinction de culte : c'est, en effet, sur son sommet que commence l'histoire même de notre pays, car le célèbre „mur païen" qui l'entoure est l'œuvre primitive de nos ancêtres de l'ère celtique. Enfin, par les nombreuses ruines féodales qui s'élèvent sur son pourtour, par les sites tantôt sauvages, tantôt agrestes, que présentent les différents vallons qui s'ouvrent sur ses flancs boisés, et par

le panorama, varié à l'infini, qui se déroule de tout côté au regard, le mont Sainte-Odile est devenu, dans les temps modernes, le but de prédilection des innombrables amis de la nature que nos villes envoient chaque année vers les cimes vosgiennes. Aussi ce coin de terre privilégié a-t-il été décrit si souvent, son histoire tant de fois racontée, qu'à vouloir de nouveau en tracer le tableau, on se voit positivement réduit à „porter de l'eau à la rivière" ou „des hiboux à Athènes"... Mais nous n'avons pas la prétention de refaire ici les travaux si complets et si consciencieux, publiés, dans l'espace de près de 200 ans, par les *Peltre*[1], les *Albrecht*[2], les *Schœpflin*[3], les

[1] *La vie de sainte Odile*, etc. (1600 et 1719); édition allemande (1700 et 1701).
[2] *History von Hohenburg*, etc. (1751).
[3] Dans l'*Alsatia illustrata* (1751-1761).

1

Grandidier [1], les *Silbermann* [2], les *Pfeffinger* [3], les *Schweig-hœuser* [4], les *Strobel* [5], les *Levrault* [6], les *Schœr* [7], les *Winterer* [8], les *Gyss* [9], et par tant d'autres historiens et archéologues de

[1] Dans l'*Histoire de l'Église de Strasbourg* (1776-1778).
[2] *Beschreibung von Hohenburg*, etc. (1781).
[3] *Hohenburg oder der Odilienberg*, etc. (1812).
[4] *Explication du plan topographique du mur païen*, etc. (1825); édition allemande, même année.
[5] *Beschreibung von Hohenburg*, etc. (1835). Deuxième édition de l'ouvrage de Silbermann.
[6] *Sainte-Odile et le Heidenmauer*, etc. (1855).
[7] *Le guide du pèlerin au mont Sainte-Odile*, etc. (1856, 1864 et 1885) et *Le mont Sainte-Odile et ses environs; album*, etc. (1859 et 1864).
[8] *Histoire de sainte Odile*, etc. (1869).
[9] *Der Odilienberg*, etc. (1874).

notre pays. Ce que nous avons à offrir à nos lecteurs, ce ne sont que des esquisses, destinées à servir de texte explicatif à la série de belles gravures qui, publiées pour la première fois il y a 106 ans (1781) dans l'ouvrage de Silbermann cité dans la note ci-contre, et réimprimées 54 ans après (1835), vont, au bout d'un second demi-siècle, reparaître une troisième fois sous les yeux du public alsacien. Cette publication constitue un hommage à la mémoire de Jean-André Silbermann, qui fut non seulement un facteur d'orgues de premier ordre, mais encore un explorateur infatigable de l'histoire et des antiquités alsatiques.

Mais avant de parler du sujet de la gravure qui ouvre la série, nous devons résumer succinctement la vie de sainte Odile et les faits principaux des annales de l'antique monastère.

1

APERÇU HISTORIQUE

La légende de sainte Odile, qui date de la fin du septième siècle, est pour tout Alsacien qui se respecte un article de foi, sinon religieuse, du moins patriotique, malgré les efforts tentés par quelques savants *en us*, pour la reléguer dans le domaine de la fable ou pour la réduire à un mythe forgé au dixième siècle par les moines d'Ebersmünster [1]. Elle est, d'ailleurs,

[1] Voir: Roth, *Der S. Odilienberg*, dans l'*Alsatia*, de Stœber, années 1856-1857.

corroborée, à défaut de titres tout à fait authentiques, par un monument qui existe encore dans le couvent et dont nous aurons dans la suite à faire ressortir l'incontestable autorité. Voici donc, dans toute sa naïve simplicité, l'histoire de la populaire fondatrice de l'abbaye de Hohenbourg:

Vers l'an 654, Odile, fille d'Étichon, duc d'Alsace, et de sa femme Béreswinde, naît aveugle au château habité par ses parents à Obernai. Le père, qui espérait la naissance d'un fils, veut faire mettre l'enfant à mort; mais la mère la confie à une fidèle nourrice qui d'abord la cache à Scherwiller et plus tard, pour la soustraire aux suppositions dont elle est l'objet, l'emmène en Bourgogne, au couvent de Palma (Baume-les-Dames), où elle est élevée. A l'âge de 12 ou 13 ans, Odile reçoit le baptême des mains de saint Hidulphe, fondateur de l'abbaye de Moyenmoutier, près de Saint-Dié, et de son frère saint Erhard, évêque missionnaire à Ratisbonne. C'est à ce moment que ses yeux s'ouvrent à la lumière, et dès lors, bien qu'elle ait appris à quelle illustre famille elle appartient, elle n'a plus qu'une pensée: consacrer sa vie au Seigneur qui a opéré un si grand miracle en sa faveur; aussi continue-t-elle à rester jusqu'à l'âge de 20 ans dans l'humble asile qui a recueilli la jeune proscrite.

Dans l'intervalle, Béreswinde a donné à son époux cinq autres enfants, quatre fils et une fille. C'est en vain que plusieurs fois elle a supplié le duc de reprendre sa fille aînée dont l'existence lui a été révélée; Étichon refuse de se laisser fléchir. Alors l'un de ses fils, Hugues, la fait venir secrètement au château de Hohenbourg que le duc avait fait construire sur la montagne; à la vue de la fille qu'il a si longtemps reniée, le père, saisi de colère, blesse grièvement le fils qui a osé enfreindre ses ordres. Mais, pris de remords devant le sang versé, et vaincu par l'influence bienfaisante qu'il subit à son insu par la présence d'Odile, il finit par la chérir plus qu'il ne l'avait haïe jusque-là: elle devient son enfant préférée, pour laquelle il rêve le plus brillant avenir. Aussi, quand il veut la marier, Odile le supplie en vain de la laisser suivre sa sainte vocation, et, pour échapper à l'union dont elle est menacée, elle se voit réduite à prendre de nouveau le chemin de l'exil: elle s'enfuit au delà du Rhin et va se cacher dans un lieu désert, dans la montagne situé à l'est de Fribourg[1]. Ce n'est que lorsque le duc, qui la découvre dans sa retraite, lui a promis de respecter le vœu auquel elle entend rester fidèle, qu'elle consent à retourner à Hohenbourg. Étichon, touché enfin au cœur par les vertus de sa fille, lui fait abandon du château, qu'elle transforme en une maison religieuse, où bientôt elle réunit autour d'elle un grand nombre de jeunes filles des plus illustres familles de l'Alsace et des pays adjacents.

C'est vers l'an 680 que la tradition place la fondation du monastère dont Odile devient la première abbesse, et qu'elle gouverne pendant près d'un demi-siècle avec autant de sagesse que de bonheur. Enfin, après une vie signalée par de nombreux miracles et tout entière consacrée à la pratique des vertus chrétiennes, Odile s'endort dans le Seigneur, le 13 décembre de l'an 720 ou 723, à l'âge de 70 ans, ou, selon une autre version de la légende, en l'an 763, âgée de plus de 100 ans.

L'histoire du monastère de Hohenbourg, au moyen âge, se divise en deux périodes, pendant lesquelles il fut gouverné par une cinquantaine d'abbesses, depuis sainte Eugénie qui succéda à sainte Odile, sa tante (723-735), jusqu'à Agnès d'Oberkirch qui fut la dernière abbesse (1542-1546). La première période est celle de la prospérité: elle va du septième siècle jusqu'à la fin du treizième siècle. Cette prospérité est attestée, dès la fin du huitième siècle, par l'acte en vertu duquel Charlemagne, résidant vers Noël 776 à Sélestat, confirma tous les droits et privilèges temporels de l'abbaye, reconnue indépendante, personnes et biens, de toute autre juridiction séculière que celle de l'empire. Cette déclaration

---

[1] Il existe encore aujourd'hui à cet endroit une chapelle Sainte-Odile et un ermitage, qui sont, à certains jours de l'année, l'objet d'un pèlerinage.

d'immunité fut renouvelée par une charte de Louis le Débonnaire, datée d'Aix-la-Chapelle, le 9 mars 837.

Pendant le dixième siècle, Hohenbourg, ravagé par les Hongrois, en 917, resta plongé dans l'obscurité, pour reparaître dans l'histoire avec d'autant plus d'éclat dans les siècles suivants. En 1050, le pape saint Léon IX, séjournant en Alsace, consacra l'église conventuelle reconstruite à ses frais à la suite d'un incendie et promulgua en même temps la bulle de canonisation de la fondatrice de l'abbaye, vénérée depuis trois siècles à l'égal d'une sainte par les fidèles. Dans la seconde moitié du douzième siècle, le monastère eut successivement à sa tête deux abbesses de grand mérite : Relinde, parente de l'empereur Frédéric Barberousse, qui l'y transféra, en 1140 ou 1141, de l'abbaye de Berg, près Neubourg sur le Danube ; ce fut elle qui soumit les chanoinesses à la règle de saint Augustin, et qui, la première, porta le titre de princesse du saint empire. A sa mort (22 août 1167), elle fut remplacée par Herrade de Landsperg, la plus illustre des abbesses après sainte Odile, et sous laquelle Hohenbourg atteignait l'apogée de sa renommée ; vers 1180, la maison compta jusqu'à 47 chanoinesses et 13 sœurs converses, comme nous l'apprend une des miniatures du célèbre manuscrit que la savante abbesse rédigea et enlumina, sous le titre de *Hortus deliciarum*, pour l'instruction et l'édification de ses religieuses. Nos lecteurs savent quel a été le destin final de ce livre unique qui était parvenu intact jusqu'à nous !... Herrade, dont nous aurons à parler plus en détail, mourut le 25 juillet 1195.

Avec le treizième siècle commence pour Hohenbourg la seconde période, celle d'une progressive décadence. Celle-ci, outre le relâchement de la discipline monastique, eut pour cause deux ordres de faits qui s'étaient déjà produits dans le cours des siècles antérieurs et se renouvelèrent encore dans les temps modernes avec une fréquence désespérante : nous voulons parler des incendies qui consumèrent si souvent tout ou partie des bâtiments conventuels, et des guerres sans cesse renaissantes qui ruinèrent peu à peu le patrimoine temporel de l'abbaye. Celle-ci fut même plus d'une fois dépouillée par ses propres protecteurs ; c'est ainsi, par exemple, que, vers 1140, le duc Frédéric de Souabe, père de l'empereur Barberousse, lui enleva les villes d'Obernai et de Rosheim qui avaient, dès l'origine, fait partie du domaine de Hohenbourg, ainsi que l'ancien château ducal d'Obernai qui, sous le nom de *Salhof*, appartenait par indivis aux deux monastères fondés par sainte Odile.

Voici les dates néfastes des calamités dont l'abbaye eut à souffrir, du onzième au seizième siècle : destruction de l'église par les troupes de Geoffroi, fils du duc Gozilo de Lorraine (1045) ; ravages exercés par les Huns (1049) ; incendie (1199) ; pillage, par Frédéric, duc de Lorraine (commencement du treizième siècle) ; nouveaux incendies, allumés par accident, par la foudre ou des chaleurs excessives (1224, 1244, 1301, 1400, 1439 et 1473) ; pillage par les Bourguignons (1474) ; enfin, la veille de l'Annonciation (24 mars) 1546[1], nouvel incendie, allumé par accident dans la chambre de bain de l'abbesse Agnès d'Oberkirch, qui ne put se sauver qu'à grand peine. Le feu fut si violent qu'il détruisit tout, sauf les anciennes chapelles ; au dire de l'annaliste Specklé, on le vit dans toute la vallée du Rhin, depuis Bâle jusqu'à Rastatt et dans

---

[1] Les auteurs ne sont pas d'accord sur la date de cet événement que les uns placent au 24, les autres au 25 mars ; mais il paraît avoir eu lieu, en réalité, la veille de l'Annonciation et non pas le jour même de cette fête.

la Forêt-Noire. A la suite de ce dernier désastre, les religieuses quittèrent le couvent, que la dernière abbesse remit avec tous ses biens à l'évêque de Strasbourg, Érasme de Limbourg, sous la condition que les bâtiments seraient reconstruits et donnés à quelque autre communauté.

Après être resté cinquante-neuf ans à l'état de ruine, le monastère fut rebâti (1607-1613) et l'évêque Léopold d'Autriche le transféra aux chanoines réguliers de l'abbaye des Prémontrés d'Étival en Lorraine, qui, depuis plusieurs siècles déjà, étaient chargés du service de l'église abbatiale. Mais à peine établis, les nouveaux hôtes de Hohenbourg virent recommencer la série des catastrophes passées, dont voici encore l'énumération : Pillage et incendie par les hordes de Mansfeld (1622) ; ravages exercés par les Suédois (1633) ; pillage réitéré par les maraudeurs des troupes de l'électeur de Brandebourg (1674) ; incendie par accident (7 mai 1681) ; incendie allumé par la foudre (1685) ; enfin, dernier incendie partiel, causé par le feu du ciel (5 septembre 1785). Sous les Prémontrés, le couvent fut administré par vingt prieurs, parmi lesquels il convient de citer ses deux historiens, mentionnés plus haut : Hugues Peltre, qui fut élu prieur trois fois (1684, 1698 et 1708), et Denis Albrecht, né à Schlackenwerth en Bohême, qui gouverna pendant dix-huit ans (1737-1755).

A la révolution, les religieux se virent expulsés du couvent, qui fut déclaré propriété nationale et en partie livré au pillage. En 1791, la maison de ferme et d'hôtellerie, avec une partie des terres et de la forêt, fut adjugée à M. Meinrad Bruder,

maire de Mutzig. Le 27 mai 1796, tout le domaine de Sainte-Odile fut acheté, pour 3195 livres, par le chanoine Rumpler, assez connu par ses écrits de polémique ; il eut le mérite de restaurer l'église et les chapelles et de les ouvrir de nouveau au culte. Après sa mort (1806) le couvent passa successivement entre les mains de six propriétaires. La famille de M. Laquiante, neveu de Rumpler, le posséda jusqu'en 1831, année où elle le vendit à MM. Wittmann, de Heiligenstein, et Steinmetz, de Barr, tous deux protestants, qui, l'année suivante, le cédèrent à l'abbé Lhuilier, ancien curé de Mandray, près Saint-Dié. Celui-ci le vendit en 1837 aux trois frères Baillard, prêtres lorrains, des mains desquels il passa, en 1849, à M. Laugel, de Strasbourg, qui, peu après, le céda à M. Rohmer, d'Illkirch. C'est de ce dernier propriétaire laïque que le domaine de Sainte-Odile fut racheté, le 16 août 1853, par Mgr Ræss, au nom du diocèse, pour la somme de 40,000 francs. Depuis cette époque les bâtiments ont été complètement remis en état et sont occupés par des sœurs du tiers ordre de saint François, dont la maison-mère est à Rheinacker, près de Marmoutier. Des frères affiliés au même ordre sont chargés des travaux de culture. Dans les dernières années, Sainte-Odile est devenue une des stations climatériques des Vosges alsaciennes, où, chaque été, un grand nombre de touristes et de pensionnaires vont jouir de quelques jours ou de quelques semaines d'une vie tranquille, mais animée par les grands souvenirs qu'évoquent dans les âmes les antiques monuments d'un passé douze fois séculaire.

II

LES ABORDS DU COUVENT

Notre première gravure représente le bâtiment de service qui forme l'entrée de l'enclos extérieur du couvent, dont l'église se montre dans le fond. Les restes de murs figurés à droite sur le premier plan et qui ont depuis longtemps disparu, appartenaient autrefois à l'habitation des prêtres chargés de la desserte de l'église, à l'époque où le monastère était occupé par des religieuses. A la droite du bâtiment de l'entrée vient aboutir le sentier rocheux qui monte de Barr ;

à gauche descend celui qui conduit par le pré de Sainte-Odile vers la vallée de Saint-Gorgon ; c'est aussi par ce côté que débouche sur le plateau la route carrossable qui se déroule en plusieurs lacets sur le flanc occidental de la montagne pour rejoindre, par la vallée de l'Ehn, à Klingenthal, les routes de Barr et d'Obernai. Enfin le chemin situé dans l'axe du couvent, et d'où est prise notre vue, est celui de la Bloss, aboutissant au midi au Mennelstein, point culminant du mont Sainte-Odile.

III

LES BATIMENTS CONVENTUELS

Le massif du mont Sainte-Odile, borné au nord et à l'ouest par les vallées de l'Ehn et de son affluent supérieur, le ruisseau du Fulloch, au sud par la vallée de la Kirneck et à l'est par le territoire des communes d'Ottrott, de Saint-Nabor et de Heiligenstein, présente vers le milieu de son front oriental une crête abrupte qui, vue de la plaine, dessine à l'horizon la silhouette

d'un cône volcanique. Rattachée au plateau central, vers le sud-ouest, par un col étroit, elle s'avance entre deux vallons parallèles, celui de Saint-Gorgon au nord-ouest et celui de Niedermünster au sud-est, et se termine brusquement au nord-est par un renflement rocheux, dont les parois verticales descendent à pic à plus de 20 mètres de profondeur. C'est à l'extrémité de ce cap naturel que s'élevait, il y a seize cents ans, un fort romain, dont on attribue la construction à l'empereur Maximien Hercule qui, vers la fin du troisième siècle, refoula au delà du Rhin les peuplades franques, burgondes et alémanes. Ce *castellum*, destiné à surveiller la rive gauche du fleuve, formait, selon l'usage général, un rectangle allongé, dont l'enceinte crénelée était flanquée de tours carrées aux angles et de tours semi-circulaires dans les intervalles; en 1738, on en a retrouvé, dans le sol du jardin et de la cour intérieure du couvent, d'épais murs de fondement, se dirigeant obliquement de la chapelle des Larmes vers la façade de l'église. Cette citadelle romaine, détruite en 407, lors de l'invasion de l'Alsace par les Huns, resta en ruines pendant deux siècles et demi, jusqu'à ce que le duc Étichon construisit sur son emplacement et, en partie, avec ses restes, le château de Hohenbourg[1] qui devint dans la suite le monastère de Sainte-Odile.

Notre planche II représente la vue à vol d'oiseau de l'ensemble des bâtiments renfermés dans l'enclos du couvent. Sauf quelques constructions neuves ajoutées dans ces dernières années, cet ensemble n'a pas changé d'aspect depuis que Silbermann l'a dessiné. D'ailleurs, le peu de largeur de la plate-forme qu'il occupe permet de conclure que les différentes parties du couvent, si souvent incendiées dans le cours des siècles, ont chaque fois été rebâties sur les substructions anciennes qui avaient survécu aux ravages du feu. Nous allons faire avec nos lecteurs le tour de tout l'enclos, dans l'ordre selon lequel il se présente à l'exploration des visiteurs.

[1] Ce château est désigné dans quelques chroniques par le nom d'*Altitona*, mot moitié latin, moitié celtique, qui paraît avoir été primitivement le nom donné, à l'époque gallo-romaine, à la montagne même de *Hohenbourg*.

Notre plan nous montre d'abord la façade nord du bâtiment d'entrée dont notre première gravure a reproduit le côté extérieur. Il occupe, de l'ouest à l'est, toute la largeur du rocher qui, aux deux bouts, est coupé à pic; il est, aujourd'hui, affecté en entier à l'usage des pèlerins, et contient, entre autres, une grande salle et six chambres d'habitation. Devant l'hôtellerie, on voyait autrefois dans le sol rocheux une excavation circulaire indiquant l'emplacement d'un petit temple rond, construit par les Romains près de leur forteresse et que le duc Étichon transforma en un sanctuaire chrétien qui devint sa chapelle castrale, dédiée aux saints patrons de l'Alsace. Cet antique monument était encore intact quand Silbermann fit, en 1730 et 1731, ses deux premières visites à Sainte-Odile, et il est regrettable qu'à cette époque, où il n'était âgé que de 18 à 19 ans, il n'ait pas eu déjà cette belle passion pour l'archéologie à laquelle nous devons de connaître encore aujourd'hui par ses dessins des monuments disparus depuis de la surface de notre sol. Peltre dit seulement que cette rotonde était supportée par six colonnes. Elle fut démolie en 1734 pour faire place à la nouvelle hôtellerie qui, auparavant, s'élevait plus loin du couvent.

La cour extérieure où nous nous trouvons est ombragée par une allée de tilleuls et de marronniers séculaires. Le bâtiment d'exploitation rurale qui se voit à gauche a été remplacé, il y a quatre ou cinq ans, par un édifice d'un style grandiose, en beau grès rouge des Vosges; la partie centrale renfermant les étables, les hangars et les granges, est flanquée de deux pavillons à deux étages, dont celui du sud est affecté au logement et aux ateliers des frères et celui du nord contient des chambres pour les femmes qui viennent en pèlerinage à Sainte-Odile. Ces deux pavillons sont surmontés de pignons aigus en escaliers qui donnent à cet édifice l'apparence d'un château gothique. Le côté droit de la cour est borné par le jardin potager situé entre l'hôtellerie et l'église et dont le mur de clôture a été remplacé par une grille, à l'extrémité de laquelle nous arrivons devant les bâtiments conventuels proprement dits.

Comme tous les établissements monastiques du moyen âge, le couvent de Sainte-Odile représente un enclos rectangulaire, renfermant une cour intérieure dont les côtés ouest, nord et est sont occupés par trois ailes de bâtiments d'habitation; le côté sud est fermé aux deux tiers par l'église conventuelle, et le reste par un mur élevé, percé d'une porte cochère et d'une porte latérale et formant un angle droit avec la façade de l'église, dont l'entrée se trouve ainsi en dehors de l'enclos du couvent.

IV

L'ÉGLISE CONVENTUELLE

L'église actuelle de Sainte-Odile a près de deux cents ans d'existence; elle remplace celle qui fut ruinée par l'incendie du 7 mai 1681. La reconstruction en fut commencée en 1687 et terminée en 1692, mais elle ne fut consacrée que le 20 octobre 1696, par Pierre Creagh, évêque suffragant de Strasbourg [1]. Son aspect extérieur contraste singulièrement avec l'intérieur. La façade, d'un style lourd et sévère, n'a pour ornements que les pilastres qui encadrent la porte cintrée; les murs latéraux, du côté du jardin et de la cour intérieure, sont renforcés par de puissants contreforts d'un mètre 20 centimètres d'épaisseur et dont la base présente une saillie de deux mètres et demi,

[1] Il était auparavant archevêque de Dublin et primat d'Irlande et avait été obligé de s'expatrier pour cause de religion.

dimensions justifiées par l'extrême violence des coups de vent auxquels l'édifice est exposé. Ces contreforts, ainsi que le massif des murs sont indubitablement d'une construction antérieure au seizième siècle; la preuve en est fournie par les fenêtres de la nef et du chœur qui, toutes, ont conservé leur sommet ogival; elles appartiennent probablement à l'église reconstruite après l'incendie de 1473 et détruite à son tour par celui de 1546.

L'intérieur de l'église est divisé en trois nefs de hauteur presque égale, dont les voûtes sont supportées par deux rangs de quatre sveltes colonnes d'ordre toscan. Quelques parties de l'ameublement et de la décoration, renouvelés par les Prémontrés au dix-huitième siècle, subsistent encore aujourd'hui; ce sont le maître autel en marbre, érigé en 1774 par le dernier prieur, Nicolas Klein (1755-1791), le pavé en marbre, la boiserie et les

Pl. II.

Vue du Couvent à Vol d'Oiseau

bancs du chœur, établis par Denis Albrecht, avant-dernier prieur, et surtout les six admirables confessionnaux, placés dans les bas-côtés, véritables chefs-d'œuvre de sculpture en bois en style renaissance, dont quatre furent exécutés en 1700, sous le second priorat de Peltre, et les deux autres vers 1748, sous celui d'Albrecht. Tout le reste avait été enlevé ou détruit pendant la révolution; les autels latéraux, la grille du chœur, la chaire, le chemin de la croix, les vitraux peints, les bancs de la nef, ainsi que l'élégante tribune et son buffet d'orgue [1], etc., sont l'œuvre de la restauration accomplie de 1854 à 1860.

[1] L'orgue établi en 1603 sous le premier prieur, Albert Rivière, fut mis en pièces, en 1675, par les pillards brandebourgeois qui emportèrent les tuyaux de métal pour en faire des balles. Cet orgue ne fut remplacé qu'en 1750 par un autre, construit par Silbermann et qui, en 1791, fut vendu par le premier acquéreur du domaine de Sainte-Odile à la paroisse de Mittelbergheim.

V

LES CHAPELLES

Du côté nord de l'église, deux portes conduisent dans les bâtiments claustraux, et, en premier lieu, dans la chapelle de la Croix, attenante au chœur, et, de celle-ci, dans la chapelle Sainte-Odile et dans le cloître. Ces deux chapelles devant faire le sujet de nos deux prochaines planches, nous en donnerons plus tard la description et l'histoire. Disons seulement ici, pour l'intelligence de la planche II, que les deux petits bâtiments faisant saillie sur la façade du couvent, à côté de l'abside de l'église, sont, l'un (marqué *a*), la sacristie qui s'ouvre sur la chapelle de la Croix et au-dessus de laquelle on voit les fenêtres de l'ancien calvaire; l'autre (marqué *b*) forme le chœur de la chapelle Sainte-Odile, surmonté des trois petites fenêtres qui en éclairent la nef. Quant aux chapelles extérieures, savoir, la chapelle des Larmes (*c* du plan) et celle des Anges (*d*), sur l'extérieur de laquelle on voit indiqué l'antique sarcophage des parents de sainte Odile, nous réservons également pour un chapitre subséquent les détails à donner à leur sujet. Il ne nous reste plus qu'à parler des bâtiments d'habitation.

VI

LE COUVENT ET LE CLOITRE

L'aile orientale du couvent, rebâtie en 1684, présente depuis quelques années un aspect différent de celui de la gravure de Silbermann, par suite de la construction d'un deuxième étage sur toute sa longueur. Cette surélévation a doublé le nombre des chambres auparavant disponibles pour les pensionnaires au premier étage des deux ailes; il y en a maintenant une quarantaine. Le rez-de-chaussée, voûté dans toutes ses parties, contient, à la suite de la chapelle Sainte-Odile, la cage d'escalier et trois réfectoires, dont l'un est celui des sœurs et qui s'ouvrent tous sur le cloître ou corridor qui règne du côté de la cour depuis l'église, où il forme vestibule devant les deux chapelles, jusqu'à la porte qui donne sur le jardin. La même disposition se retrouve dans l'aile septentrionale, dont le corridor donne dans la cuisine du couvent et dans d'autres pièces de service. C'est à l'angle d'intersection des deux galeries du cloître que l'on voit une curieuse stèle historiée qui fera l'objet d'un article particulier. Enfin l'aile occidentale, reconstruite en partie de nos jours pour servir de logement aux sœurs, est appuyée extérieurement à un mur épais et très élevé, que le prieur Frédéric Colson fit construire en 1715 pour mettre l'intérieur du couvent à l'abri des vents violents qui soufflent si fréquemment de ce côté-ci. La clôture de la cour, indiquée sur notre planche, n'existe plus, ainsi que le puits creusé dans le roc à une profondeur de dix mètres et alimenté par une source vive; il est remplacé actuellement par une pompe.

Le jardin qui s'étend au nord et à l'est du couvent, sert de potager aux sœurs qui y cultivent aussi quelques fleurs; trois gloriettes rustiques placées près du parapet qui longe le précipice du côté de la vallée, offrent aux touristes un panorama incomparable sur la plaine du Rhin et les innombrables villes et villages dont elle est parsemée à perte de vue, jusqu'à la Forêt-Noire. Mais pour ceux qui, mieux inspirés, passent la nuit au couvent, il y a un spectacle encore plus grandiose: c'est celui du lever du soleil, dont ils peuvent jouir, sans se lever eux-mêmes, par les fenêtres de leurs chambres qui, presque toutes, donnent du côté de l'Orient. Allez-y voir, amis lecteurs, et vous m'en direz des nouvelles!

VII

LA CHAPELLE DE LA CROIX

Quand, de l'église du couvent, appelée aussi la grande chapelle, que la lumière du jour éclaire en plein dans toutes ses parties, on sort par la porte basse située dans l'angle nord du chœur, à gauche du maître-autel, on se voit tout à coup plongé dans une obscurité presque complète et l'on se prend à marcher, pour ainsi dire, à tâtons dans ce qui semble, au premier abord, n'être qu'une espèce de caveau souterrain. Ce n'est qu'au bout de quelques minutes que la pâle clarté qui tombe dans cette pénombre par trois petites fenêtres à votre droite et un faible rayon de lumière qui vient se projeter sur votre gauche, vous permettent de distinguer enfin nettement la physionomie de l'endroit où vous vous trouvez. Et alors un vif sentiment de curiosité s'empare de vous, car il vous semble que vous soyez tout d'un coup transporté d'un millier d'années en arrière, en pleine période mérovingienne ou carlovingienne. Telle est, en effet, l'impression étrange produite par cette chapelle de la Croix, que nos antiquaires du siècle dernier, pour lesquels toute l'architecture du moyen âge se résumait dans le terme général de *gothique*, ont cru pouvoir en faire remonter la construction à l'époque de la fondation même du monastère. Mais si, en réalité, on ne peut plus aujourd'hui la tenir pour l'édifice primitif érigé, selon la tradition, par sainte Odile, en l'an 690, la science archéologique moderne ne lui en assigne pas moins une origine qui

la classe, avec la chapelle Sainte-Odile, comme l'une des parties les plus anciennes du couvent actuellement existant.

La chapelle de la Croix forme un carré presque régulier d'environ huit mètres de côté et divisé par une colonne centrale en quatre berceaux ou travées, dont les arcs-doubleaux en plein cintre, supportés d'une part par cette colonne, reposant d'autre part sur huit pilastres à colonnes engagées dans les murs et dans les angles. Les voûtes des travées, à simples arêtes, sans nervures saillantes, n'ont au sommet que trois mètres et demi de hauteur. C'est la curieuse colonne médiane que représente notre planche III a; sa base massive, dont les angles portent quatre paires de mains symboliques, son fût trapu qui n'a que 80 centimètres de haut, et son lourd chapiteau cubique, orné de quatre têtes humaines à faces grimaçantes et décorent les chapiteaux des demi-colonnes, toutes ces formes sévères et ces sculptures assez grossièrement travaillées dénotent le style roman secondaire et permettent, par conséquent, de fixer la date de la construction de la chapelle à la première moitié du douzième siècle, peut-être même aux dernières années du onzième siècle.

La chapelle n'est éclairée directement que par deux petites fenêtres cintrées, percées dans le mur de l'une des deux travées du côté de l'est. C'est contre ce mur qu'est adossé l'autel, rétabli à neuf depuis la dernière restauration des sanctuaires, et décoré sur ses faces d'ornements polychromes; entre les deux fenêtres est placé un grand crucifix, accompagné de trois vieux chandeliers en cuivre qui ont été trouvés en 1857 dans le creux d'un rocher, près des ruines de Niedermünster. Dans le mur de la travée à gauche de l'autel, qui, dans l'origine, a dû également être percé de deux fenêtres, s'ouvre actuellement la porte de la sacristie qui, comme on l'a vu sur notre planche précédente, se trouve adossée à la façade est du couvent; elle n'a été bâtie qu'en 1708 par le prieur Peltre, et ne présente donc aucun caractère d'antiquité. La sacristie primitive a dû être construite sur le côté méridional de l'église abbatiale.

A la droite de l'autel, la travée s'ouvre par une arcade en plein cintre sur un cinquième berceau voûté, un peu plus élevé que ceux de la chapelle même; il occupe l'angle rentrant formé par le collatéral nord de la nef et le chœur, avec lequel il communique par la petite porte mentionnée au début de cet article. C'est dans cette travée qu'est placé maintenant, sous la petite fenêtre qui l'éclaire faiblement, le remarquable sarcophage des parents de sainte Odile, dont notre planche III b représente les deux faces, telles qu'elles étaient encore visibles au milieu du siècle dernier. Ce vieux cercueil de pierre est certainement l'un des plus vénérables monuments funéraires chrétiens de l'Alsace. Sa forme, toute primitive, de caisse rectangulaire ayant pour couvercle une simple dalle plate, la petite arcature[1]

[1] Cette arcature ressemble à celle qui décore les deux faces longitudinales du cercueil en pierre d'Adeloch (32me évêque de Strasbourg, mort en 822), qu'on voit dans le chœur de l'église Saint-Thomas à Strasbourg; il est généralement considéré comme une œuvre du onzième siècle.

à plein cintre grossièrement ébauchée qui en fait l'unique ornement et dont l'état fruste augmente encore son aspect de vétusté, ont permis aux archéologues de la classer au nombre des rares œuvres de l'art roman primordial qui sont parvenues jusqu'à nous et d'en faire remonter l'origine jusqu'à l'époque franque, c'est-à-dire, au huitième ou au neuvième siècle. Ce sarcophage, ou, pour mieux dire, ce cénotaphe (car il est depuis longtemps vide), ainsi que les ossements qu'il renfermait autrefois, ont passé par des vicissitudes qu'il n'est pas sans intérêt de rappeler ici brièvement.

D'après la tradition, Étichon et Béreswinde, après avoir cédé leur château de Hohenbourg à leur fille, allèrent, sur la fin de leurs jours, habiter une maison bâtie en dehors de l'enclos du nouveau monastère, pour y passer le reste de leur vie dans la retraite. Les deux époux moururent à neuf jours d'intervalle: le duc, le 20 février, et la duchesse, le 1er mars 690. Sainte Odile réunit leurs corps dans une même tombe placée dans la nef de son église abbatiale. Rien n'empêche d'admettre qu'un siècle plus tard leurs ossements aient été déposés dans le sarcophage actuel qui resta dans l'église jusqu'en 1617. En cette année, il fut retiré de dessous les décombres de l'incendie de 1546 et transporté dans la chapelle des Anges, où il fut encastré dans le mur septentrional de la façon dont il est représenté dans les deux vues. A l'intérieur de la chapelle, il formait corps avec la muraille que le rebord du couvercle seul dépassait un peu; mais du côté extérieur, il s'avançait en saillie de quelques pouces sur l'étroit sentier qui contourne la chapelle au-dessus du précipice. C'est sur ce poste périlleux que Silbermann en a pris le dessin en 1750. On y voit la trace d'un trou pratiqué peu de temps auparavant pour en retirer quelques-uns des ossements que les bénédictins d'Ebersmünster firent

Pl. III a.

Pl. III b.

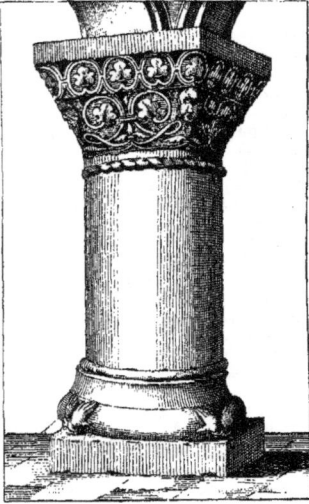

Colonne médiane

Tombeau d'Étichon et de Bereswinde

Monuments de la Chapelle de la Croix

enchâsser dans une statue en bois, représentant Étichon, le fondateur de cette abbaye, et qu'ils placèrent dans une niche formée près du maître-autel de leur église; nous en reparlerons tout à l'heure. En 1753, sous le prieur Albrecht, le vieux sarcophage fut retiré de la chapelle des Anges pour venir occuper la place où il se trouve aujourd'hui. Il est surmonté d'une statue de sainte Odile en prières, du dix-huitième siècle.

La travée située en face de l'autel s'ouvre également par une arcade sur un autre berceau voûté, mais qui ne date que de la reconstruction du couvent en 1684; la fenêtre qui l'éclaire donne sur la cour intérieure. Cette travée formait autrefois l'extrémité du cloître attenant à l'église, sur laquelle elle s'ouvre par une porte basse donnant dans le bas-côté nord. Nous y retrouvons la statue d'Étichon, dont il a été question ci-dessus. Au début de la révolution, elle avait été découverte à l'abbaye d'Ebersmünster, alors transformée en hôpital militaire, par un médecin-major, le docteur Percy, qui la vendit en 1798

au chanoine Rumpler. Celui-ci la plaça dans la sacristie de Sainte-Odile, où elle resta jusqu'en 1857; depuis lors, elle est conservée, revêtue d'un costume de l'époque mérovingienne, dans une châsse vitrée, de style roman. Celle-ci a pour pendant une autre châsse analogue, renfermant une figure de sainte Odile, en costume de chanoinesse, mais qui est une œuvre toute moderne.

La chapelle de la Croix, dont les murs sont couverts de peintures polychromes un peu trop riches peut-être pour le style sévère de son architecture, s'ouvre, par une porte située en face de celle de la sacristie, sur un vestibule communiquant avec le cloître, et par une porte voisine avec la chapelle Sainte-Odile qui fera l'objet du chapitre IX de cet ouvrage. Mais en quittant l'intéressant petit sanctuaire que nous venons de décrire, il nous reste à dire quelques mots du charmant réduit qui le surmonte et qui en est, en quelque sorte, la reproduction architectonique.

VIII

LE CALVAIRE (BIBLIOTHÈQUE)

De la chapelle de la Croix, un escalier pratiqué dans l'épaisseur du mur de séparation d'avec la chapelle Sainte-Odile, mais aujourd'hui condamné, conduisait autrefois au premier étage, dans une pièce formant également un carré divisé en quatre berceaux voûtés en plein cintre par une colonne centrale dont le chapiteau est sans ornements, et éclairée du côté de l'est par deux paires de petites fenêtres géminées, inscrites dans une arcade que supporte une légère colonnette médiane.

On l'appelait communément le *Calvaire*, parce que les murs en étaient recouverts d'anciennes peintures à fresque représentant les diverses scènes de la Passion de notre Seigneur; mais on ne sait rien de certain sur sa destination primitive. Cependant sa disposition architecturale autorise à croire que c'était, soit un oratoire particulier pour les abbesses, soit la salle de réunion du chapitre de la communauté. Il y a trente ans, ce sanctuaire se trouvait encore dans le pitoyable état de ruine où l'avaient réduit les calamités du passé: les voûtes à demi calcinées, les murs, dont les peintures étaient déjà méconnaissables du temps de Silbermann, noircis par la suie et l'eau du ciel, porte et fenêtres ouvertes à tous les vents, etc. En 1859 enfin, il a été complètement restauré et on y a installé la bibliothèque du couvent, en établissant dans les arcades en retrait dans les murs cinq grandes armoires vitrées dont quatre n'ont pas tardé à être remplies de livres fournis par des dons volontaires. La cinquième renferme diverses antiquités trouvées à Sainte-Odile, telles que, une queue d'aronde du mur païen, un bas-relief du quinzième siècle, des monnaies, ainsi que quelques peintures et dessins d'amateurs[1]. Une table et quelques chaises de forme antique complètent l'ameublement de cette pièce aujourd'hui accessible par l'escalier du cloître, et qui semble inviter le visiteur à une heure de méditation solitaire en harmonie avec le double précepte de la vie contemplative: *ora et labora!*

[1] Une des cinq vitrines masque l'entrée d'un réduit situé au-dessus du berceau renfermant le tombeau d'Étichon et de Béreswinde: il a dû primitivement servir de cachette pour le trésor de l'abbaye.

IX

LA CHAPELLE SAINTE-ODILE

De toutes les parties du couvent, la chapelle de sainte Odile est celle qui en forme, pour ainsi dire, le centre spirituel, le sanctuaire auquel est attaché en première ligne le souvenir de la sainte dont elle a pris le nom et qui, devenu son lieu de sépulture, est, par cela même, le but principal des pèlerinages que les fidèles font de temps immémorial au tombeau de la patronne de l'Alsace. Elle représente aussi, matériellement, le noyau primitif des bâtiments divers composant l'enclos abbatial. En effet, selon la légende, un des premiers édifices religieux construits par sainte Odile fut un oratoire dédié à saint Jean-Baptiste, auquel elle avait voué une vénération toute particulière, en mémoire du miracle qui avait signalé son baptême à Baume-les-Dames. Cette chapelle Saint-Jean resta toute sa vie son sanctuaire de prédilection; sa mère Béreswinde y mourut, et lorsqu'Odile pressentit que sa propre fin était proche, elle voulut également y terminer ses jours. Elle y réunit toutes ses religieuses, leur adressa ses dernières exhortations et ses bénédictions; puis, après avoir communié, elle rendit son âme à Dieu, le 13 décembre, jour de la fête de sainte Lucie, qui, depuis, est aussi devenu, pour l'Église d'Alsace, celui de la fête de sa patronne. D'après une variante de la légende, sainte Odile, après avoir fait ses adieux à ses sœurs, les envoya prier dans la grande église et expira solitairement pendant le chant des psaumes. Lorsque les religieuses la trouvèrent inanimée, elles se désolèrent qu'elle fût morte sans avoir reçu le viatique; alors sainte Odile, revenue à la vie, leur dit d'une vision d'un ange qui lui présenta le saint sacrement dans un calice [1], et, après une longue extase, elle se rendormit dans le Seigneur. Elle fut inhumée à l'endroit même où elle était morte et son tombeau survécut à toutes les catastrophes ¬ incendies, pillages et profanations — qui ravagèrent le sanctuaire dans le courant de dix siècles.

La chapelle Sainte-Odile, telle que nous la voyons aujourd'hui, abstraction faite de son revêtement intérieur moderne et de son chœur de style ogival, paraît être d'une construction postérieure à celle de la chapelle de la Croix; mais, dans sa partie occidentale au moins, elle est incontestablement plus ancienne que celle-ci. Deux détails architectoniques en fournissent la preuve évidente. D'abord, le linteau de la porte basse

qui donne dans la chapelle de la Croix se trouve, du côté de celle-ci, masqué en partie par l'arcade sous laquelle elle s'ouvre; cette porte existait donc déjà lorsque cette dernière chapelle fut construite. Ensuite, le mur de refend occidental de la chapelle Sainte-Odile est percé dans le haut d'une arcature romane composée de quatre petites ouvertures, divisées par trois courtes colonnettes, dont les chapiteaux cubiques sans ornements supportent un second chapiteau en forme de corbeille aplatie des deux côtés, très évasée devant et derrière, sur laquelle reposent les arcs en plein cintre un peu surhaussé [1]. Cette disposition qu'on retrouve dans les fenêtres géminées de la plupart des clochers d'églises du onzième siècle encore subsistant dans notre pays, permet d'attribuer cette partie de la chapelle à la même époque; peut-être est-ce un reste du sanctuaire que le pape saint Léon IX vint visiter en 1049. Cette arcature s'ouvre sur une chambre du premier étage du couvent, formant une tribune de la chapelle, et située au-dessus du vestibule qui, du cloître du rez-de-chaussée, donne accès dans la chapelle de la Croix et, par celle-ci, dans la chapelle de sainte Odile. C'est dans cette tribune que se trouve aussi la porte de la bibliothèque.

La chapelle Sainte-Odile actuelle consiste en une nef romane et un chœur ogival. La nef a la même longueur que la chapelle de la Croix, environ huit mètres, et une largeur d'à peu près quatre mètres; elle est divisée par un arc-doubleau en plein cintre en deux travées dont les voûtes ont environ sept mètres de hauteur. L'arc-doubleau repose sur des pilastres engagés

---

[1] C'est sans doute en mémoire de ce miracle que l'abbaye de Hohenbourg mit l'image d'un calice dans ses armoiries. Un calice précieux, considéré comme étant le vase de la légende, fut longtemps conservé dans le trésor de l'église.

[1] Une arcature de forme identique s'ouvre dans le petit cloître qui existe devant la façade occidentale et le côté méridional de la chapelle mortuaire de sainte Marguerite, au cimetière d'Epfig, reconnu généralement pour un édifice du commencement du onzième siècle.

dont on ne voit que les corniches, car les trois murs de l'ouest, du sud et du nord sont recouverts jusqu'à la naissance des voûtes par une boiserie dans le style renaissance, établie par les Prémontrés au dix-huitième siècle. Les dix panneaux de cette boiserie étaient occupés par des peintures à l'huile représentant les scènes principales de la vie de sainte Odile; lors de la dernière restauration du couvent, elles ont été remplacées par dix nouveaux tableaux dûs au pinceau de M. Oster, peintre d'histoire religieuse, de Strasbourg. Il est peut-être à regretter que ce revêtement si moderne, qui cache probablement des restes de sculpture primitive, n'ait pas été supprimé pour permettre de rendre à la nef du onzième ou du douzième siècle son aspect original.

Le chœur de la chapelle forme un carré en saillie sur le mur oriental, un peu moins large que la nef. L'arcade par laquelle il s'ouvre sur celle-ci est en ogive, et surmontée de trois petites fenêtres également ogivales, placées en triangle. Ces ouvertures paraissent dater du treizième siècle; mais le chœur reconstruit à cette époque n'est plus celui qui existe aujourd'hui; détruit en grande partie, en 1622, par les hordes incendiaires de Mansfeld, il a été rebâti en 1680 dans sa forme actuelle par les soins du comte Adolphe de Salm, doyen du grand-chapitre de la Cathédrale et administrateur de l'évêché. C'est un simple berceau en voûte en tiers-point sans arêtes ni nervures, éclairé à l'orient par une grande fenêtre ogivale, et dont l'aménagement intérieur a été complètement renouvelé, depuis le rétablissement du couvent, dans le style ogival primitif du treizième siècle. Une arcature à arcades trilobées couvre les murs latéraux jusqu'à la naissance de la voûte ornée d'un ciel étoilé; l'autel en bois de chêne sculpté est surmonté d'une belle châsse vitrée qui renferme aujourd'hui les reliques de sainte Odile, dont la figure en pied resplendit sur le vitrail de la fenêtre, œuvre de Petit-Gérard, notre célèbre peintre-verrier strasbourgeois.

Nous arrivons maintenant au monument qui forme l'objet de la dévotion particulière des pèlerins de Sainte-Odile, savoir, au tombeau de la patronne de l'Alsace, que notre planche IV représente tel qu'il a existé depuis la fin du dix-septième siècle jusqu'à l'époque révolutionnaire, et qui occupe encore aujourd'hui, dans l'angle nord-est de la nef, c'est-à-dire, du côté de l'évangile, par rapport au chœur, la place qui lui fut assignée dès l'origine. L'histoire de ce tombeau est assez riche en péripéties, tour à tour terribles ou heureuses, pour mériter d'être relatée avec quelques développements.

Après la mort de sainte Odile, son corps fut déposé dans un cercueil de pierre[1] renfermé dans un sarcophage, exposé à la vénération des fidèles, et à la tête duquel était placé l'autel consacré à la mémoire de la fondatrice du couvent. Cet autel fut l'objet d'un privilège spécial de la part de Léon IX qui, par une bulle du 17 décembre 1050 accordée à l'abbesse Berthe, disposa qu'à cet autel, ainsi qu'à celui dédié à sainte Odile dans l'église conventuelle, la grand'messe ne pourrait être dite que par l'évêque du diocèse et par le prébendier chargé de la desserte régulière de la chapelle; tout autre prêtre ne devait y célébrer qu'avec le consentement de l'abbesse.

Pendant plus de six siècles, le tombeau de sainte Odile demeura intact au milieu des désastres qui portèrent si souvent

---

[1] D'après Peltre et Albrecht, ce cercueil aurait été fait d'une pierre artificielle composée d'une espèce de ciment ou de mastic odoriférant; mais, en réalité, il est d'une pierre calcaire jaunâtre d'un grain compact, quoique assez tendre.

Pl. IV.

Tombeau de sainte Odile.

la ruine dans les bâtiments claustraux. La première atteinte qu'il subit fut l'œuvre de l'empereur Charles IV qui, accompagné de l'évêque de Strasbourg, Jean de Lichtenberg, de l'évêque d'Olmütz et d'une suite nombreuse, vint, le 4 mai 1354, en pèlerinage à Hohenbourg. Après avoir fait ses dévotions à sainte Odile, il ordonna l'ouverture du cercueil, dont le couvercle dut en partie être brisé; le corps y fut trouvé entier, et l'empereur exigea de l'évêque et de l'abbesse la cession de l'avant-bras droit qu'il donna dans la suite à son église de prédilection, la cathédrale de Saint-Vit, à Prague [1]. Mais, comme s'il eût eu conscience du sacrilège dont il venait de donner le déplorable exemple, il fit dresser un acte interdisant à l'avenir, sous peine d'excommunication, toute ouverture du tombeau.

Le sarcophage extérieur ayant été fortement abîmé sous les décombres des incendies subséquents et des dévastations des guerres du dix-septième siècle, trois chanoines de la Cathédrale de Strasbourg, deux comtes de Manderscheidt-Blankenheim et un comte de Recke, le firent remplacer en 1696 par celui dont Silbermann nous a laissé le dessin. Sa face antérieure était ornée d'un bas-relief en albâtre, œuvre du sculpteur Fransin, représentant l'ouverture du tombeau et surmonté d'une banderolle avec une inscription latine rappelant ce fait. Sur le couvercle furent placées deux statues, celle de sainte Odile en prières, et celle d'un ange. Au-dessus du sarcophage existent encore aujourd'hui deux bas-reliefs en

pierre du dix-septième siècle, encastrés dans la boiserie, et représentant, celui derrière sainte Odile, son baptême, celui à droite, la délivrance d'Étichon des flammes du purgatoire.

Pendant la révolution, le vandalisme des iconoclastes de la Terreur s'abattit sur le monastère et porta la profanation jusque dans le tombeau de sainte Odile [1]. Un ami intime d'Euloge Schneider, Daniel Stamm, agent national du district de Barr, fit briser le sarcophage de 1696 et, le 14 août 1794, on pratiqua un trou dans le cercueil intérieur; mais les hommes chargés de le fouiller, déclarèrent qu'ils n'y avaient rien trouvé. Les ossements en avaient été secrètement enlevés avant l'arrivée des jacobins et y furent replacés de même, quand le régime de la Terreur eut pris fin. En effet, ils y furent retrouvés le 23 avril 1795, par le chanoine Rumpler, propriétaire du couvent, assisté du maire et de plusieurs conseillers municipaux d'Ottrott-le-Haut, qui, pour les mettre mieux à l'abri, les renfermèrent dans une caisse qu'ils transportèrent dans la sacristie de l'église d'Ottrott; là, après avoir été inventoriées, le 4 mai suivant, les reliques, transférées dans une caisse de fer munie de trois serrures, furent conservées pendant trois ans. Le 3 novembre 1798, elles y furent enlevées en secret et murées dans la cave d'une maison du village. En 1799, Rumpler fit remplacer le sarcophage détruit par celui qui existe encore aujourd'hui et dont la face antérieure présente quatre arcades ogivales trilobées, avec une inscription latine relatant l'enlèvement et la réintégration des reliques. Celles-ci furent, en effet, rendues au chanoine, en vertu d'un

---

[1] Cette « spoliation pieuse » ne fut pas la seule que Charles IV, grand amateur de reliques, commit en Alsace. Le 7 novembre 1353, il s'était fait octroyer à Niederhaslach le bras droit de saint Florent; de là il alla à Andlau, où il obtint une relique de saint Lazare, et à Erstein, d'où il en emporta une de saint Urbain. On voit qu'il était coutumier du fait.

[1] Les événements que nous résumons ici sont relatés en détail, avec preuves à l'appui, dans la plus récente des monographies sur Sainte-Odile, publiée en 1874 par M. l'abbé Gyss, sous le titre: *Der Odilienberg; Legende, Geschichte und Denkmäler.*

mandement du cardinal de Rohan ; la translation, d'Ottrott au monastère, en out lieu le 6 octobre 1800. Après un nouvel examen constatant leur identité, elles furent replacées dans l'ancien cercueil enfermé dans le nouveau sarcophage et elles y restèrent en paix jusqu'en 1836, où l'abbé Lhuilier, alors propriétaire du couvent, obtint de Mgr Lepappe de Trévern l'autorisation d'ouvrir le tombeau pour faire constater l'état des reliques. Cette exhumation, faite le 4 mai de ladite année, permit au docteur Sultzer, médecin cantonal de Barr, dé constater que ces ossements étaient ceux d'un seul et même corps féminin, mais dont l'avant-bras manquait en effet. Enfin,

le 7 juillet 1841, époque à laquelle le couvent était la propriété des trois frères Baillard, prêtres lorrains, eut lieu une translation solennelle des reliques, à la suite de laquelle elles furent enfermées dans une châsse vitrée posée sur l'autel de la chapelle et remplacée depuis, comme il a été dit plus haut, par le nouveau reliquaire qui les contient encore aujourd'hui. Nous partageons toutefois le vœu exprimé par feu M. l'abbé Schir, qu'elles reprennent leur place historique dans l'antique tombeau, où elles seraient mieux à l'abri d'atteintes futures du feu du ciel et du vandalisme des hommes, plus barbares souvent que les éléments.

X

LA CHAPELLE DES LARMES

Après avoir décrit les deux chapelles englobées dans l'aile orientale du couvent, nous avons encore à faire connaître les deux autres chapelles qui se trouvent isolées en dehors des bâtiments claustraux, savoir : la chapelle des Larmes et la chapelle des Anges.

La chapelle des Larmes, située vers l'angle nord-est du jardin du couvent, doit son origine à un petit sanctuaire également fondé par sainte Odile, mais dont on ne sait plus à qui il était primitivement consacré. Le nom sous lequel elle est mentionnée

par les anciens historiens du monastère et qui lui est resté jusqu'à nos jours, rappelle un trait touchant de la piété filiale de la fondatrice de Hohenbourg. Selon la légende, sainte Odile eut, après la mort de son père, une vision dans laquelle il lui apparut plongé dans les flammes du purgatoire, comme n'ayant pas suffisamment expié dans cette vie la dureté de cœur dont il avait fait preuve à l'égard de sa fille aveugle. Se voyant ainsi la cause indirecte, quoique innocente, des souffrances de son père, Odile fit le serment de ne prendre ni nourriture ni repos, jusqu'à ce que Dieu lui eût fait connaître que son père était sorti du lieu de purification. Elle se retira dans la chapelle bâtie dans le jardin, où, après avoir passé cinq jours dans les prières, le jeûne et les macérations, une nouvelle vision lui montra Étichon délivré du purgatoire. Les larmes qu'elle n'avait cessé de verser avaient fini par creuser une cavité à l'endroit où elle était restée agenouillée pendant tout le temps de son acte de contrition et firent donner au sanctuaire où il s'était accompli le nom de chapelle des Larmes. Depuis la fin du dix-septième siècle, celle-ci fut aussi appelée chapelle de sainte Eugénie, dont le cercueil y fut déposé à cette époque dans les circonstances que nous devons brièvement rapporter.

Eugénie, une des filles du duc Adalbert, frère aîné de sainte Odile, à laquelle elle succéda dans la dignité d'abbesse de Hohenbourg, mourut, comme sa tante, en odeur de sainteté, le 16 septembre 735, et fut aussi, comme elle, ensevelie dans la chapelle Sainte-Odile. Son tombeau était placé en face de celui de la fondatrice, c'est-à-dire, dans l'angle sud-est de la nef, du côté de l'épître, ou à droite du chœur. Le cercueil qui contenait ses restes était taillé d'une pièce dans un bloc d'une pierre calcaire semblable à celle du cercueil de sainte Odile. Il demeura intact jusqu'en 1622, où il fut fracturé par les Vandales de Mansfeld qui crurent y trouver des objets précieux ; mais, trompés dans leur attente, ils laissèrent là les reliques de la sainte qui, aussitôt après, furent transportées à Obernai. Le 6 août 1624, elles furent reportées au couvent dans une châsse de cuivre doré, sauf plusieurs ossements, dont Adam Peetz, suffragant de Strasbourg, fit don à l'église paroissiale d'Obernai, où ils furent enchâssés dans une statue de sainte Eugénie, en argent. En 1632, les Vandales suédois profanèrent, à leur tour, le tombeau de la sainte et, cette fois-ci, les reliques disparurent, soit que les pillards les aient

jetées au vent, ou que, comme le suppose Peltre, elles aient été, avant la catastrophe, murées dans quelque cachette, dont l'endroit n'aurait plus été connu des Prémontrés à leur retour au couvent. En 1696, les restes du cercueil vide furent placés sous l'autel de la chapelle des Larmes qui, jusque-là, était restée à demi ruinée et avait servi d'abri aux pèlerins pour y passer la nuit. Elle demeura dans cet état d'abandon jusqu'à nos jours ; ce n'est qu'en 1856 qu'elle a été restaurée telle que nous la voyons maintenant.

La chapelle des Larmes forme un rectangle d'environ huit mètres de long, sept mètres de large et six à sept mètres de haut. Les murs latéraux, y compris leurs petites fenêtres en plein cintre, appartiennent en partie à une reconstruction du douzième siècle. La porte qui, primitivement, était située au nord, c'est-à-dire au dehors du mur du jardin, construit en 1743, s'ouvre dans la façade occidentale, surmontée d'une fenêtre géminée et d'un oculus en quatre-feuilles dans le pignon. La chapelle a, pour tout ameublement, outre un prie-Dieu en chêne, un autel neuf en pierre, renfermant les fragments du cercueil de sainte Eugénie, dont une châsse vitrée contient une partie des reliques cédées à l'église d'Obernai. Devant l'autel, un grillage en fer recouvre la cavité creusée par les larmes de sainte Odile dans le rocher même qui fait ici corps avec le pavé moderne. L'intérieur est orné de peintures murales exécutées par Sorg, peintre d'histoire religieuse, de Strasbourg. Au chevet, on voit sainte Odile priant pour la délivrance de son père ; à droite, saint Materne prêchant l'Évangile sur les bords de l'Ill ; à gauche, sainte Odile et ses compagnes se consacrant à la vie claustrale. Ces trois tableaux sont accompagnés des figures en pied de Jésus-Christ, de la sainte Vierge et des principaux saints d'Alsace, savoir : saint Léon IX,

4

pape, saint **Amand**, saint **Arbogast** et saint **Florent**, premier, dix-neuvième et vingtième évêques de Strasbourg, sainte **Attale**, nièce de sainte Odile, première abbesse de Saint-Étienne à Strasbourg, et sainte **Richarde**, impératrice, fonda-

trice de l'abbaye d'Andlau. La chapelle, au lieu d'être voûtée, est couverte par un plafond en bois suivant l'inclinaison de la toiture, peint en ciel étoilé et reposant sur une charpente à entraits apparents et ornementés.

XI

LA CHAPELLE DES ANGES

A côté de la chapelle des Larmes, la porte du jardin s'ouvre sur le chemin de ronde qui contourne l'enclos du couvent à l'ouest et au nord, et l'on se trouve devant la chapelle des Anges qui s'élève sur une saillie du rocher surplombant sa base à l'ouest, au nord et à l'est, ce qui lui a aussi fait donner le nom de *chapelle pendante*. Ce petit édifice est évidemment la partie inférieure d'une ancienne vigie ou tour de garde, destinée à surveiller les abords du castellum romain ou du château d'Altitona. Sa transformation en sanctuaire fut également l'œuvre de sainte Odile, qui le consacra aux anges, en mémoire de plusieurs apparitions miraculeuses des esprits célestes. Ruinée dans le cours des siècles par les nombreux incendies allumés par le feu du ciel dans les forêts qui entourent le pied du rocher, cette chapelle fut restaurée en 1617 par l'évêque Léopold d'Autriche, dont les armoiries surmontent

encore la porte[1]. Mais elle resta fermée au culte jusqu'à son entier rétablissement en 1858.

L'aspect extérieur de la chapelle n'indique pas sa destination religieuse. C'est un pavillon carré d'à peu près sept mètres de côté et d'autant de hauteur, surmonté d'un toit aigu, que couronne, en guise de girouette, un ange doré, une trompette à la bouche. L'intérieur, couvert par une voûte surbaissée, n'est éclairé que par trois petites baies romanes, percées en triangle dans le haut du mur oriental, et qui paraissent dater du onzième siècle. Au-dessous d'elles est placé un autel neuf en pierre, en face duquel on voit, sur un piédestal, un groupe en plâtre représentant le baptême de sainte Odile par saint

---

[1] Ce fut alors, comme il a déjà été dit, qu'on y transféra le sarcophage d'Étichon et de Béreswinde qui y resta encastré dans le mur septentrional jusqu'en 1753.

Erhard. C'est un don d'André Friederich, le statuaire strasbourgeois, qui s'était proposé d'exécuter, d'après ce modèle, un monument en pierre, de dimensions colossales, qui devait être érigé sur la saillie du rocher à côté de la chapelle; mais ce projet dut être abandonné faute de fonds suffisants. Quelques peintures murales par Oster, représentant sainte Odile en extase et des anges avec divers attributs, complètent la restauration de cette chapelle que nous ne quitterons point, sans mentionner l'étroit sentier qui la contourne sur les trois côtés qui dominent le précipice.

On connaît la tradition populaire d'après laquelle toute jeune fille qui fait neuf fois de suite le tour de la chapelle par ce chemin vertigineux, est assurée de se marier dans l'année. Les touristes du lundi de Pentecôte qui n'avaient pas d'intentions matrimoniales, se contentaient de faire ce périlleux trajet une fois, parce que sans cela l'excursion à Sainte-Odile n'aurait pas été complète. Aujourd'hui un solide garde-fou en fer entoure les côtés nord et ouest du sentier, dont l'entrée est fermée par une grille et qui, du côté est, est devenu impraticable, ce qui a mis fin, pour l'avenir, aux velléités d'imprudence des amateurs ou amatrices de casse-cou... Donnons encore un regard au tilleul séculaire qui, entre les deux chapelles, abrite de son ombre un des plus magnifiques points de vue de la plate-forme, et retournons au couvent.

XII

LA CHAPELLE SAINT-PIERRE

Les historiens de Sainte-Odile mentionnent encore une chapelle de Saint-Pierre, construite par Étichon, lorsqu'il transforma en château seigneurial le vieux castellum d'Altitona et en sanctuaire chrétien l'antique rotonde romaine qui n'a disparu qu'en 1734. Cette chapelle se trouvait primitivement dans le jardin, entre la chapelle Sainte-Odile et la chapelle des Larmes. Lors de la reconstruction du monastère par les Prémontrés, en 1663, on en découvrit les fondements près de l'angle de jonction des deux ailes; deux cercueils en pierre, placés à droite et à gauche de l'autel, furent reconnus, d'après les données, assez confuses, du reste, des anciens auteurs, pour avoir servi de sépulture à sainte Roswinde, sœur cadette de sainte Odile, et religieuse à Hohenbourg, et à l'un de ses frères, le comte Hugues. A la porte de la chapelle on trouva en même temps deux grands caveaux remplis d'ossements, et deux tombeaux creusés dans le roc en forme de corps humain, ce qui a fait supposer que, la nature rocheuse du terrain ne permettant pas l'établissement d'un cimetière pour la communauté,

les corps des religieuses décédées étaient déposés provisoire-
ment dans les cavités, sous une couche de chaux, et, les chairs
une fois consumées, les ossements étaient transférés dans les
caveaux servant de sépulture définitive. La chapelle Saint-
Pierre, démolie sans doute pour faire place à l'agrandissement
du couvent, fut reconstruite hors de l'enclos extérieur, en face
du bâtiment d'habitation des prêtres; ses dimensions plus
considérables en firent une église affectée au service de la
paroisse des habitants laïques de la montagne et notamment
du village, aujourd'hui disparu, qui existait anciennement,
sous le nom de Homburgerwiller, à l'ouest de Sainte-Odile.

XIII

LA STÈLE DU CLOITRE

Nous arrivons maintenant au remarquable monument représenté sur notre planche V a, c'est-à-dire, à la stèle historiée
qui est encastrée dans l'angle de jonction des deux galeries du
cloître. Cette pierre, de 1m,24 de hauteur, offre trois faces
sculptées, dont la troisième, qui n'a été mise à jour qu'en 1747,
par le prieur Albrecht, se trouve dans une niche pratiquée à
cet effet dans le mur; quant à la quatrième face, elle est
encore engagée dans la maçonnerie[1]. Sur le côté antérieur,
le duc Étichon assis de face, remet à sa fille Odile, debout à
sa gauche, un livre qui représente la charte de la donation
du domaine de Hohenbourg[1]. La face latérale est occupée
par la figure de saint Léger (Leudgar), évêque d'Autun et
cousin de sainte Odile (par sa mère, Sigrande, sœur de Béreswinde). Sur la face postérieure, on voit la sainte Vierge avec
l'enfant Jésus, et à ses pieds, deux religieuses figurées à
mi-corps, tenant un livre, et qui, d'après les noms tracés sur
un cartouche, sont les célèbres abbesses Relinde et Herrade.

L'origine de ce curieux bas-relief, le seul historié qui ait
été retrouvé sous les ruines de l'ancien monastère, est vivement
controversée entre les archéologues. Laguille le fait remonter
jusqu'au septième siècle; Eccard et Mabillon l'attribuent au

---

[1] Il serait à désirer que cette stèle, où les visages ont été plus ou moins
mutilés pendant la Terreur, reçût un autre emplacement, ou que, du
moins, on en dégageât la quatrième face qui porte peut-être aussi une
figure sculptée. Dans l'origine, cette pierre a dû surmonter le meneau
d'une porte ou d'une arcade géminée de la primitive église abbatiale.

[1] On remarquera la position forcée de la main gauche du duc, qui paraît
se cacher sous le manteau ; l'artiste a sans doute cherché par là à symboliser la parole évangélique, que « la main gauche ne doit pas connaître
les bonnes œuvres qu'accomplit la main droite ».

dixième siècle. Schœpflin et Grandidier, sur la foi des noms de Relinde et de Herrade, découverts en 1747, en font une œuvre contemporaine de ces deux abbesses, datant, par conséquent, de la fin du douzième siècle [1]. Mais, outre la grossièreté et l'irrégularité du travail des sculptures, dont les faces empiètent l'une sur l'autre, il y a là un détail de costume caractéristique, d'une époque bien plus reculée : nous voulons dire, les nattes de cheveux de la figure d'Étichon, qui sont un signe distinctif et l'attribut spécial des princes, aux temps mérovingiens, et que l'artiste a également données à la Vierge et à sainte Odile [1]. Aussi croyons-nous devoir revendiquer pour ces bas-reliefs, comme limite extrême, la fin du huitième

Pl. V a.

N° I.   N° II.   N° III.

Stèle du Cloître

siècle. Les figures à mi-corps des deux abbesses ont été évidemment ajoutées après coup, et leur facture dénote une certaine raideur qu'on retrouve dans les peintures de Herrade de Landsperg. Quant à la supposition, que la stèle actuelle aurait été refaite au douzième siècle d'après une sculpture plus ancienne, elle n'est guère probable, car les artistes du moyen âge n'avaient pas l'habitude de faire de l'archaïsme ou de l'art rétrospectif, témoin, les miniatures mêmes du *Hortus deliciarum*, où, sauf Jésus-Christ et les apôtres, vêtus à l'antique selon les traditions de l'art chrétien primitif, tous les personnages bibliques, historiques ou allégoriques sont costumés selon la mode du temps de Herrade. Du reste, si nos bas-reliefs n'étaient qu'une reproduction, la préexistence de l'original devient incontestable. Pour nous, qui ne cherchons pas midi à quatorze heures, nous saluons dans cette vénérable stèle, non seulement l'un des plus anciens morceaux de sculpture de l'Alsace, mais encore le monument irrécusable, la preuve monumentale, en quelque sorte, de l'authenticité de la fondation du monastère par la fille d'Étichon et, par suite, de la légende même de sainte Odile. *Saxa loquuntur !*

La petite planche V*b* reproduit un vitrail de la fin du quinzième siècle qui, du temps de Silbermann, se trouvait dans une fenêtre de l'Hôtel-de-Ville d'Obernai et qui représente la

PL V b.

donation d'Étichon par la remise d'une clef à sainte Odile ; l'écusson qui s'y voit est celui de la maison de Habsbourg. D'après Pfeffinger, une partie de ce vitrail était encore conservée en 1812 à l'auberge d'Innenheim. Nous ne savons ce qu'il est devenu.

Le *Hortus deliciarum* présente deux peintures relatives à la fondation du couvent. Dans l'une, Étichon, à genoux, fait hommage de son château à Jésus-Christ, à la Vierge et à saint Pierre, en élevant vers eux un long bâton doré que les trois personnes divines touchent d'une main. Dans l'autre, Étichon, assis, investit sainte Odile de son domaine par la tradition d'une grande clef. Enfin ce dernier mode d'investiture se trouve aussi figuré sur les deux anciennes tapisseries du quinzième siècle, encore conservées dans l'église de Saint-Étienne, à Strasbourg. Sur la première, qui représente la légende de sainte Odile, Étichon, devant son château, en remet la clef à sa fille, costumée en nonne ; sur la seconde, qui retrace la légende de sainte Attale, fille du duc Adelbert et sœur de sainte Eugénie, le duc remet également la clef de son château à sa fille, qui la transforma en une abbaye dont elle fut la première abbesse.

Sur ce, amis lecteurs, il ne me reste plus à vous offrir que la clef des champs.

XIV

SAINT-GORGON

Nous avons terminé notre pèlerinage historique à travers les différentes parties du monastère de Hohenbourg et passé en revue tout ce qui s'y trouve de remarquable; mais nous n'en avons pas encore fini avec les monuments religieux du mont Sainte-Odile. Nous passons maintenant aux sanctuaires établis au pied de la montagne et qui, moins fortunés que leur aîné, n'existent plus aujourd'hui qu'à l'état de ruines plus ou moins considérables, comme Niedermünster et Truttenhausen, ou qui ont complètement disparu de la surface du sol, comme le prieuré de Saint-Gorgon. C'est par ce dernier que nous allons commencer notre pérégrination autour de la „montagne sainte" de l'Alsace.

Lors de la fondation du couvent de Sainte-Odile, le duc Étichon institua quatorze prébendes pour l'entretien des prêtres chargés de desservir l'église et les chapelles, et pour lesquels, ainsi qu'il a déjà été dit, un bâtiment d'habitation avait été construit en face de l'enclos extérieur du monastère. Ces desservants, choisis dans le clergé séculier, étaient appelés hebdomadaires (semainiers), prébendiers, chanoines ou chapelains. Mais de bonne heure déjà, en raison de la parenté spirituelle qui unissait le monastère fondé par sainte Odile à l'abbaye que son père avait établie à Ebersmünster, il

existait entre les deux maisons une confraternité pieuse, en vertu de laquelle l'abbé d'Ebersmünster, reconnu comme le conseiller spirituel et le directeur de conscience des chanoinesses, était tenu, les jours des trois grandes fêtes de l'année, à Noël, à Pâques et à la Pentecôte, d'envoyer à Hohenbourg un prêtre, un diacre et un sous-diacre, pour y chanter la messe, et le jour de la nativité de la Vierge (8 septembre), l'abbé devait y venir lui-même célébrer la grand'messe.

En 1050, le pape Léon IX, dans la bulle qu'il accorda à l'abbesse Berthe, exprima le vœu que le service de l'autel placé au chevet du tombeau de sainte Odile fût confié à un prêtre appartenant à un ordre monastique; mais ce vœu ne fut accompli que plus d'un siècle après, par les soins de Herrade de Landsperg, dans des circonstances que nous devons brièvement rappeler, car ce fut à cette occasion que les Prémontrés d'Étival entrèrent au service de la maison de Sainte-Odile.

La congrégation religieuse fondée en 1120 par saint Norbert dans la solitude de Prémontré, au diocèse de Laon [1], n'avait pas tardé à se répandre en France et en Allemagne. En 1147,

---

[1] Prémontré est situé au milieu de la forêt de Saint-Gobain ou de Coucy, à environ quinze kilomètres ouest de Laon.

Mathilde II, abbesse d'Andlau, appela des Prémontrés au monastère, alors abandonné, d'Étival, dans les Vosges[1], et conclut avec eux une confraternité qui obligeait l'abbé à venir chanter la grand'messe à Andlau, le jour de la fête de la Nativité de la Vierge, et à accompagner l'abbesse quand elle se rendait à la cour impériale ; enfin l'abbé nouvellement élu devait recevoir de ses mains l'investiture de sa charge.

En 1178, Herrade de Landsperg suivit l'exemple donné par Mathilde d'Andlau aux couvents de l'Alsace. Il existait alors au pied nord du mont Sainte-Odile, à l'ouverture du vallon de Saint-Nabor, une chapelle depuis longtemps en ruines, datant peut-être de l'époque de la fondation du couvent, et dédiée au martyr saint Gorgon. Désireuse d'augmenter, par le rétablissement de ce sanctuaire, la prospérité de son monastère, et informée de la réputation de sainteté dont les Prémontrés jouissaient dans le pays et du bien qui advenait par eux aux maisons religieuses qu'ils desservaient, Herrade fit, du consentement de sa communauté, avec Warner, abbé d'Étival, une convention par laquelle elle lui donna, pour lui et ses successeurs, à perpétuité, „le lieu de Saint-Gorgon „avec toutes ses dépendances, la confraternité de notre église „et une prébende d'hebdomadaire, savoir, annuellement une „charrette de vin, quatorze saca de froment d'hiver, et sept „d'orge, et vingt sols (*solidos*), monnaie de Strasbourg, et toutes „les offrandes qui lui seront faites de main à main, ou à son „vicaire, ou au chapelain de Sainte-Odile, comme aussi un pré „et un petit bois situés près de Saint-Nabor, et dix-sept arpents

---

[1] Étival dépendait au temporel de l'abbaye d'Andlau, comme ayant été donné en dot par l'empereur Charles le Gros à son épouse, sainte Richarde, fondatrice, en 880, de ladite abbaye.

„à Thalheim, et la prébende de l'autel de Sainte-Odile à Ergers-„heim, et une charrette de vin à Wolfgansheim, avec le droit „de faire paître toute sorte d'animaux dans nos pâturages." De son côté, l'abbé d'Étival s'engagea à relever la chapelle de Saint-Gorgon, à y rebâtir une maison d'habitation pour des religieux de son ordre, chargés de faire le service divin. En outre, l'abbé devait venir dire la messe, tous les ans, à Hohenbourg, les jours de la fête de sainte Odile (13 décembre), de la dédicace de sa chapelle (le 20 octobre) et de la Nativité de Notre-Dame ; il devait encore établir un de ses chanoines à Hohenbourg comme hebdomadaire et un autre pour dire chaque jour une messe basse à l'autel de sainte Odile ; enfin, en cas de décès de l'abbesse, il devait venir présider lui-même à ses obsèques.

Cette convention, confirmée le 12 octobre 1178 par Frédéric Barberousse, le 22 janvier 1182 par le pape Luce III, et le 20 janvier 1183 par Henri de Hasenbourg, évêque de Strasbourg, fut toujours strictement observée par les Prémontrés, qui ne cessèrent de témoigner de leur dévouement à la maison de Sainte-Odile ; aussi, en 1312, l'abbesse Catherine de Staufenberg augmenta-t-elle leurs prébendes. Et lorsque, deux siècles plus tard, survint la catastrophe finale qui dispersa les religieuses, ils donnèrent un rare exemple d'attachement au sanctuaire détruit : tandis que les chanoinesses abandonnaient pour toujours le monastère dont elles avaient peut-être hâté la décadence intérieure, les Prémontrés lui restèrent fidèles, espérant en des jours meilleurs qui ne devaient pas lui être à jamais refusés. Quand l'incendie du 24 mars 1546 eut forcé les deux prébendiers qui résidaient alors à Hohenbourg à chercher un refuge momentané à Étival, l'un d'eux revint 47 jours après, ainsi le 10 mai suivant, pour voir si les flammes avaient respecté le tombeau de sainte Odile; il trouva encore du feu couvant sous les décombres, et, dans l'église conventuelle, au pied du maître-autel, il ramassa un feuillet d'un missel, brûlé tout à l'entour, sauf ces paroles de l'introït de la messe du vingtième dimanche après la Pentecôte : „Tout ce que vous nous avez fait, Seigneur, vous l'avez fait par une véritable justice, parce que nous avons péché contre vous, et désobéi à vos ordres ; mais donnez gloire à votre nom et usez-en avec nous selon la grandeur de votre miséricorde. — Le Seigneur est grand et digne d'une louange infinie.“ Ce feuillet, rapporté à Étival, semble avoir inspiré une nouvelle confiance aux futurs gardiens du tombeau de sainte Odile, miraculeusement préservé des flammes. Deux ou trois Prémontrés revinrent s'installer tant bien que mal au milieu des ruines, pour y continuer le service divin qui n'y fut interrompu dans la suite qu'aux jours néfastes de dévastation, pendant les guerres du dix-septième siècle. En 1551, le père Jacques Mollet, témoin de l'incendie de 1546, habitait encore Sainte-Odile. En 1569, il y eut pour successeur Jean Collin qui y resta pendant trente-neuf ans, jusqu'en 1608. Après lui, Nicolas Olry eut le bonheur de voir enfin commencer le rétablissement du sanctuaire, dont, comme nous l'avons déjà vu, ses successeurs furent définitivement investis après la paix de Westphalie. Nous devions cette mention honorable à la persévérance des dignes frères d'Étival, grâce auxquels la maison de sainte Odile a pu survivre jusqu'à la Révolution.

Quant à Saint-Gorgon, il paraît avoir été inhabité lors de l'incendie de 1546, les Prémontrés s'étant depuis longtemps établis à Hohenbourg même ; mais la chapelle resta ouverte au culte jusqu'à la dissolution de la communauté des chanoinesses. Après un siècle d'abandon, elle fut détruite avec la maison d'habitation, pendant l'irruption des Suédois, en 1632, et, encore cent ans plus tard, en 1733, le prieur Réginald Vantrop fit construire sur son emplacement une métairie, auprès de laquelle Denis Albrecht érigea, en 1746, un petit oratoire commémoratif de l'ancienne chapelle. Ces deux bâtiments existent encore aujourd'hui. La maison de ferme repose sur un soubassement qui paraît être un reste du prieuré du douzième siècle. L'oratoire ne consiste qu'en une simple niche établie sous une arcade ouverte et munie d'une dalle d'autel en pierre, au-dessus de laquelle on voyait encore autrefois un tableau représentant le martyre de saint Gorgon. Cette chapelle rustique s'élève au bord du chemin qui, venant d'Ottrott, aboutit à un kilomètre en amont sur la voie romaine [1].

Ne quittons pas Saint-Gorgon, sans avoir donné un regard d'admiration au site pittoresque qu'il occupe sur un petit plateau élevé au-dessus de la rive gauche de la vallée de Saint-Nabor, couvert au nord par la pente méridionale du *Homburgerberg*, et dominé au midi par la cime rocheuse de Sainte-Odile, à l'extrémité de laquelle la chapelle des Anges semble planer entre ciel et terre !

[1] Le terrain cultivé qui entoure la métairie a toujours porté le nom de « champ de saint Gorgon », en allemand *Gorgonsacker*, nom qui, par corruption de la prononciation populaire, s'est changé successivement en *Korisacker* et *Kotisacker*, encore en usage aujourd'hui.

XV

LA FONTAINE SAINTE-ODILE

Si, de Saint-Gorgon, nous gagnons la rive droite du vallon, nous pouvons, en gravissant la pente nord du mont Sainte-Odile par un sentier sous bois, arriver au pied du rocher du couvent et nous suivons alors le chemin de ronde qui en contourne les flancs abrupts à leur base. Cette promenade, qu'aucun visiteur ne devrait manquer de faire, permet d'examiner de près la structure et les formations géologiques de ce massif de grès vosgien, dont les nombreuses stries horizontales sont la preuve irrécusable des vagues qui l'ont battu à l'époque où un lac immense occupait notre vallée rhénane, depuis les Vosges jusqu'à la Forêt-Noire. Le chemin de ronde débouche au sud du rocher dans celui venant de Barr, près du sentier, formé en partie de marches, qui, de là, s'élève jusqu'à l'entrée du couvent. C'est au point de jonction de ces trois chemins que se trouve, à un kilomètre au-dessous du monastère, la célèbre fontaine Sainte-Odile, dont notre planche VI représente l'aspect extérieur et intérieur, du temps de Silbermann, et dont nous allons rappeler la touchante légende.

Sainte Odile, après avoir fondé, dans le vallon de Niedermünster, un hôpital, près duquel elle érigea plus tard une deuxième abbaye, s'y rendait tous les jours pour visiter les malades et les pauvres qui venaient en foule implorer sa charité. Un jour que, déjà courbée par l'âge, elle remontait péniblement, appuyée sur un bâton, le sentier de Hohenbourg, elle trouva un vieillard qui, épuisé de fatigue et de soif par une longue marche, s'était laissé choir, à bout de forces, et semblait près d'expirer. Touchée de compassion, elle voulut le relever, mais elle ne put y parvenir; alors, voyant qu'elle n'aurait pas le temps de chercher du secours dans l'un des deux couvents, elle adressa à Dieu une fervente prière et, pleine de confiance dans l'intervention divine, elle frappa de son bâton le rocher, et aussitôt il en jaillit une source dont l'eau claire et fraîche rendit au vieux pèlerin les forces nécessaires pour continuer son chemin. Selon une autre version de la légende, la source aurait jailli spontanément au moment où sainte Odile adossa son bâton au rocher, pour relever le vieillard étendu à terre. La source miraculeuse, qui ne tarit jamais, même pendant les plus longues sécheresses, jouit encore aujourd'hui de la plus grande popularité; son eau, d'une fraîcheur et d'une abondance extraordinaires, a la réputation d'être favorable pour les maux d'yeux, et pèlerins ou simples touristes ne manquent jamais de s'y réconforter et d'y remplir leurs gourdes.

Pl. VI.

Fontaine Sainte-Odile

La maisonnette dessinée par Silbermann, fut construite en 1722 et subsista jusqu'à nos jours, mais dans un état assez délabré; elle a été démolie lors de la restauration des bâtiments du couvent. La croix de pierre qui surmontait l'orifice de la source, y fut placée en 1612, par Adam Peetz, suffragant de Strasbourg, comme l'indiquait l'inscription dont elle était munie. Aujourd'hui cette croix surmonte le rocher dans lequel s'ouvre la petite voûte moitié naturelle, moitié creusée de main d'homme, d'où la source jaillit au jour dans un bassin circulaire, et, de là, s'écoule dans deux auges de pierre placées au bord du chemin et qui en déversent le trop plein dans le vallon de Niedermünster. C'est de la fontaine Sainte-Odile que part le chemin le plus direct pour le „monastère inférieur" que nous allons visiter.

XVI

NIEDERMÜNSTER

La vallée de Niedermünster, située au midi de Sainte-Odile, s'ouvre du sud-ouest au nord-est et se divise en deux parties bien distinctes. La partie supérieure, englobée de trois côtés par la montagne, forme un plateau en pente douce, dont l'altitude est de 511 mètres au-dessus de la mer. A son extrémité orientale, elle se rétrécit et se trouve comme barrée par un seuil assez abrupt, d'où le paisible ruisseau qui la parcourt se précipite par une série de petites cascades dans la partie inférieure de la vallée [1]; de là, il va rejoindre, au-dessous de Saint-Nabor, le ruisseau qui vient du vallon de Saint-Gorgon.

[1] Cette cascade a malheureusement beaucoup perdu de son aspect pittoresque par le déboisement et l'exploitation en carrière du ravin même qui forme le lit du ruisseau.

Au confluent des deux cours d'eau qui, à partir de ce point, forment le *Dachsbach*, la partie inférieure du vallon de Niedermünster n'a plus que 308 mètres d'altitude, ce qui donne une différence de plus de 200 mètres avec la partie supérieure. C'est dans cette vallée haute, qui se trouve elle-même à 250 mètres au-dessous du plateau de Sainte-Odile, que s'élèvent les derniers restes de l'antique abbaye de Niedermünster, dont nous allons successivement esquisser l'histoire et la description.

Peu de temps après la fondation du monastère de Hohenbourg, la renommée de sainteté et de charité de sainte Odile s'était répandue au loin dans nos contrées. Aussi le nouveau sanctuaire ne tarda-t-il point à attirer en foule les pèlerins, les pauvres et les malades qui voulaient recourir aux prières, aux largesses et aux remèdes qu'ils étaient sûrs de trouver auprès de la sainte abbesse, dont la puissante intercession avait déjà opéré différents miracles. Mais pour les malades, en particulier, la rude montée jusqu'au couvent était chose bien pénible et devenait souvent même impossible. Cette circonstance décida sainte Odile à établir dans le vallon situé à mi-hauteur entre la plaine et le sommet de la montagne, un petit hôpital, avec une chapelle dédiée à saint Nicolas[1], et, dès lors, elle ne manqua pas de descendre chaque jour vers cet asile de la charité, pour prodiguer ses secours matériels et spirituels aux nombreux malheureux qui ne cessaient d'y affluer. Ce fut pour faciliter ce service hospitalier que, sur les instances de ses religieuses qui y participaient avec elle, sainte Odile fonda, en l'an 700, auprès de l'hôpital, un nouveau monastère pour y loger une partie des sœurs qui commençaient d'ailleurs à se trouver à l'étroit à Hohenbourg, où, d'après la légende, il y en eut alors jusqu'à cent trente. Ce second couvent, dont l'église fut, comme celle de Sainte-Odile, consacrée à Notre-Dame, reçut, en raison de sa position topographique, le nom de „monastère inférieur" (*monasterium inferius*) ou *Niedermünster* (Bas-Moûtier)[2]; une trentaine de chanoinesses y furent établies, mais elles n'eurent pas d'abbesse particulière; sainte Odile conserva pendant le reste de sa vie la direction supérieure des deux maisons religieuses qu'elle considérait comme sœurs dans une seule et même communauté. Mais dans l'acte de partage qu'elle dressa, quelques années plus tard et qu'on appelle ordinairement „testament de sainte Odile"[1], elle statua qu'après sa mort, Niedermünster serait indépendant de Hohenbourg, qu'il aurait le droit de choisir son abbesse dans son sein et de gérer ses biens en toute liberté. Par ce même acte, sainte Odile répartit par parts égales entre les deux monastères les domaines et revenus qui leur avaient appartenu jusque-là par indivis; ceux attribués à Niedermünster y sont nommément désignés, ce qui permet de conclure que tous les autres sont échus à Hohenbourg. Ce prétendu „testament de sainte Odile", daté de l'an 708, n'est, il est vrai, qu'un document d'une époque postérieure; mais il n'en est pas moins intéressant par l'indication des biens possédés par Niedermünster dans les siècles subséquents.

Comme Hohenbourg, l'abbaye de Niedermünster eut pour première abbesse, après sainte Odile, une de ses nièces, Gondelinde, qui mourut en odeur de sainteté et fut plus tard canonisée, ainsi que ses sœurs, sainte Eugénie et sainte Attale. Il en fut de même d'Eimhilde, qui lui succéda. Les reliques de ces deux abbesses furent dans la suite exposées à la vénération des fidèles dans des châsses d'argent, ou de cuivre argenté, placées sur le maître-autel de l'église abbatiale. Cette preuve de richesse s'explique par le fait que la prospérité de l'abbaye s'était rapidement accrue, quand, au commencement du neuvième siècle, elle eut reçu en don la célèbre croix miraculeuse, apportée à Niedermünster par un chameau, et qui y fut conservée jusqu'à la destruction du monastère, en 1540. Cette croix formant le sujet de notre planche VIII, nous

---

[1] L'hôpital fut fondé encore du vivant des parents de sainte Odile. Béreswinde assigna pour son entretien les revenus qu'elle tirait de Bœrsch, dont elle aurait été la fondatrice, si, comme on le prétend, le nom primitif de cette petite ville, *Berse*, lui vient de celui de l'épouse d'Étichon.

[2] On l'appela aussi *Niederhohenburg* et *Niederburg*.

[1] Il en existe deux copies différentes qui, des archives épiscopales, ont passé dans celles du département.

Pl. VII.

Niedermünster

en donnerons ci-après la légende et la description. Disons seulement ici que le chameau légendaire paraît avoir existé, car il a figuré de tout temps dans les armoiries de l'abbaye.

L'histoire des siècles suivants est obscure pour Niedermünster, comme pour Hohenbourg ; elle nous fournit à peine le nom d'une abbesse, Hedwige, ou Heilwige, qui, en 1017, obtint de l'empereur Henri II la confirmation des privilèges et des domaines du monastère. Cette confirmation fut renouvelée en 1284 à Bâle, sur la requête de l'abbesse Élisabeth, par l'empereur Rodolphe de Habsbourg.

Dans le dernier quart du douzième siècle, Niedermünster eut la bonne fortune d'avoir à sa tête une abbesse qui sut l'élever à l'apogée de sa prospérité matérielle et spirituelle. Ce fut Édelinde de Landsperg, qui gouverna l'abbaye pendant vingt-cinq ans (1175-1200) et qui fut, en réalité, non pas simplement une parente, mais une sœur même de Herrade de Landsperg, qui présidait alors avec tant d'éclat aux destinées de Hohenbourg. L'acte le plus notable de l'administration d'Édelinde fut la reconstruction de l'église, ruinée par un incendie peu de temps avant à l'avénement de cette abbesse. Cette église, consacrée en 1180 par l'évêque de Mantoue, légat du pape, en présence de Conrad de Géroldseck, évêque de Strasbourg, était une des plus belles basiliques du style roman secondaire ; c'est celle-là même, dont nous admirons encore aujourd'hui les derniers vestiges [1].

Au treizième siècle commença pour Niedermünster, comme pour Hohenbourg, la période de la décadence, causée par les guerres, les spoliations et les autres calamités qui remplirent presque sans trève les trois derniers siècles du moyen âge. En 1239, l'abbesse Walburge se vit obligée de vendre à l'évêque de Bâle le domaine d'Arlesheim dans le Sundgau, une des propriétés primitives de l'abbaye. De nombreux procès achevèrent peu à peu l'œuvre destructrice du temps et des hommes, si bien qu'en 1534, à la mort de Rosine de Stein, dernière abbesse, la communauté ne se composait plus que de trois ou quatre chanoinesses ; aussi celle qui lui succéda, Ursule II de Rathsamhausen, ne reçut-elle de l'évêque de Strasbourg que le titre d'administratrice. Ce fut sous son gouvernement que Niedermünster subit la catastrophe qui mit fin à son existence huit fois séculaire. Déjà incendiée en partie, en 1525, par les paysans révoltés, et réparée tant bien que mal, l'abbaye devint, le samedi après la Saint-Martin 1540 [1], la proie d'un incendie qui la dévora de fond en comble et obligea les religieuses à se réfugier à Hohenbourg, qu'un désastre identique devait ruiner à son tour, six ans plus tard. Le domaine du „monastère inférieur" fut attribué en 1552 au chapitre de la Cathédrale de Strasbourg, et l'évêque Erasme de Limbourg fit réparer une partie des bâtiments ; mais en 1572 un coup de foudre les réduisit de nouveau en cendres, et dès lors Niedermünster resta voué à la destruction. L'évêque Jean de Manderscheid-Blankenheim en fit employer les pierres pour construire les remparts de Benfeld, en 1585 ; le chapitre de Strasbourg les fit servir à son tour à l'érection du clocher de l'église d'Erstein.

---

[1] La belle église Saint-Pierre et Saint-Paul à Rosheim, est, en Alsace, le type le plus parfait du style roman ; construite vers le milieu du douzième siècle, elle a pu servir de modèle pour la nouvelle église abbatiale de Niedermünster.

[1] Les dates de 1541 et 1542 assignées communément à cet événement sont erronées ; celle de 1540 résulte d'un document des archives municipales d'Obernai.

En 1698, les Prémontrés de Sainte-Odile furent autorisés à y prendre les matériaux nécessaires pour les travaux de reconstruction de leur couvent; en échange, ils furent chargés de célébrer la messe, tous les samedis, à la chapelle Saint-Nicolas qui, seule, était restée debout au milieu des ruines. Pendant la Révolution, le domaine de Niedermünster devint, avec Sainte-Odile, la propriété du chanoine Rumpler, après la mort duquel il passa plusieurs fois en d'autres mains; aujourd'hui il appartient à la famille Tauflieb, de Barr.

Si, maintenant, nous nous reportons, par la pensée, de trois siècles et demi en arrière, nous pouvons essayer de nous représenter l'aspect que devait offrir au moyen âge cette abbaye, que la possession de la croix miraculeuse avait placée au premier rang parmi les plus célèbres lieux de pèlerinage de l'Alsace. Cet essai de reconstruction idéale nous est facilité par le plan qu'Albrecht nous a laissé dans son ouvrage et dont il a certainement relevé et mesuré les dispositions et les dimensions sur les fondements encore subsistants de son temps.

L'église, dont la longueur totale était d'environ soixante mètres, et la largeur, à la façade occidentale, d'environ vingt-quatre mètres, se composait d'un porche flanqué de deux tours carrées, d'un vaisseau divisé par des piliers ou des colonnes en une haute nef et deux nefs latérales plus basses, d'un transept très peu saillant sur les bas-côtés, et de trois absides terminées, non en hémicycles, mais en rectangles, comme les chœurs des églises de Neuwiller et d'Andlau; le chœur proprement dit avait environ six mètres de large, ainsi que le démontrait autrefois son „arc de triomphe", dont le plein cintre a subsisté jusqu'en notre siècle. Derrière les trois chevets s'étendait une galerie, au milieu de laquelle une abside semi-circulaire faisait saillie à l'orient. C'était là que se trouvait

établi le célèbre Calvaire qui fut pour Niedermünster ce qu'était pour Hohenbourg le tombeau de sainte Odile: le but principal des pèlerinages à la croix miraculeuse qui occupait la place d'honneur sur l'autel de cette abside[1]. Dans la partie nord de la galerie un escalier conduisait dans la crypte qui existait sous le chœur et qui, datant de la construction primitive, antérieure à celle de 1180, subsistait aussi encore, il y a cinquante ans! Les bâtiments claustraux, situés au côté méridional de l'église, étaient groupés autour d'un petit cloître d'environ seize mètres de côté, et entourés d'un jardin que traversait le ruisseau de la fontaine Sainte-Odile. A l'ouest, un enclos particulier renfermait les bâtiments de service. A une courte distance vers l'est, se trouvait l'enclos de l'habitation des chanoines prébendiers de l'église, et tout auprès celui de l'hôpital, dans lequel était englobée la chapelle Saint-Nicolas.

Que reste-t-il aujourd'hui de ces vénérables ruines? Hélas! c'est triste à dire: il était réservé à notre époque prétendue conservatrice de les voir détruire, en 1838, en pleine connaissance de cause. Malgré les réclamations éloquentes des archéologues de notre pays, au premier rang desquels il convient de citer le savant archiviste de Strasbourg, Louis Schnéegans[2], le propriétaire de Niedermünster vendit comme matériaux de construction les restes de l'abbaye; tout fut détruit, y compris les fondements et la crypte; rien n'échappa au pic des démolisseurs, sauf le porche et l'étage inférieur des deux tours, dont les marches à demi écroulées sont portées par une vis d'un

[1] Cette abside est visible dans le dessin de Silbermann (pl. VII, a), pris de l'orient. La lettre b indique la chapelle Saint-Nicolas, c la fontaine Sainte-Odile, et d le couvent.

[2] Voir la livraison du 21 octobre 1838 de l'Album alsacien, intéressant recueil publié de 1837 à 1839.

mètre de diamètre, comme dans les tours des églises d'Andlau et de Marmoutier ; à l'orient, un pan de mur, tapissé de lierre, est le dernier vestige du chœur ; toute l'aire de l'ancienne église n'est qu'un monceau de pierres couvertes de mousse et de ronces, et parmi lesquelles on trouve encore un bénitier et d'autres morceaux de sculpture.

Quant à la chapelle Saint-Nicolas, elle date bien aussi de la fin du douzième siècle, mais telle que nous la voyons, elle n'est qu'une reconstruction moderne. Menacée à son tour d'être démolie, en 1838, elle fut sauvée par l'intervention énergique de Louis Schnéegans qui, en sa qualité de membre du comité des monuments historiques de France, plaida si chaleureusement sa cause auprès du gouvernement que celui-ci la fit classer au nombre de ces monuments dignes d'être conservés ; mais au lieu de la réparer simplement, on se vit obligé de la démolir pour la reconstruire avec les mêmes matériaux, soigneusement numérotés. Ce travail de restauration fut exécuté sous la direction de notre éminent concitoyen, Émile Bœswill-wald, architecte des monuments historiques. La chapelle se compose d'une nef voûtée en berceau, dont la porte s'ouvre sur la face septentrionale et qui est éclairée par quelques petites fenêtres en plein cintre ; la tour, placée à l'orient, présente une disposition unique dans notre pays : son étage inférieur formant un chœur avec un autel autrefois dédié à saint Nicolas, est surmonté d'un second chœur dont l'autel était consacré à saint Martin et auquel donne accès dans la nef un massif escalier en pierre à deux rampes qui se réunissent sur un palier formant une tribune ou un ambon au-dessus de l'arcade du chœur inférieur. La clef de cet intéressant sanctuaire, qui n'est pas ouvert au culte, se trouve à la métairie, construite en 1758 sur l'emplacement d'un ermitage. Au bord du chemin situé au-dessus de l'église se trouvaient autrefois les trois célèbres tilleuls plantés, selon la légende, par sainte Odile, et dont deux périrent dans l'incendie de 1681, tandis que le troisième, qui existait encore du temps de Silbermann, est tombé plus tard de caducité, ou sous la hache d'un bûcheron.

Nous ne quitterons pas le site romantique de Niedermünster sans exprimer ici un vœu que nous avons sur le cœur depuis quelques années. L'honnête fermier de la métairie, un anabaptiste, à ce qu'on nous dit, utilise le porche comme buanderie et hangar ; il y a là des tas de fagots et dans l'angle à droite un foyer au-dessus duquel pend une chaudière ; les murs y sont couverts de suie et la voûte est tout enfumée. Nous prenons donc la liberté de faire en sa faveur appel à la protection de la *Société pour la conservation des monuments historiques de l'Alsace*, à laquelle il doit être donné, grâce à ses ressources et à son influence, de mettre à l'abri d'un sinistre possible, et alors irréparable, le dernier et respectable vestige de l'antique abbaye-sœur du monastère, si heureusement ressuscité, de Hohenbourg !

XVII

LA CROIX DE NIEDERMÜNSTER

Notre planche VIII représente les deux faces de la croix miraculeuse de Niedermünster, reproduite dans l'œuvre de Silbermann[1] d'après la gravure originale de Pierre Aubry, le célèbre graveur français, qui soutint avec Isaac Brunn, Wenzel Hollar et Jean-Adam Seupel, la renommée artistique de Strasbourg au dix-septième siècle. Cette planche fut gravée par lui, en 1669, pour le petit livre, extrêmement rare aujourd'hui, qu'un jésuite du collège de Molsheim, le père Lyra, publia en l'honneur de la croix[2], alors conservée dans l'église de cette ville. Mais avant de donner la description de cette remarquable antiquité, nous devons raconter la curieuse légende qui s'y rattache et que l'auteur de la monographie en question a puisée dans un manuscrit „d'une écriture gothique“,

datant de l'an 1434 et provenant de l'ancienne Chartreuse de Strasbourg[1].

En 799, Fortunat, patriarche de Jérusalem, envoya à Charlemagne un diacre chargé de solliciter son intervention auprès d'Aaron, roi de Perse[2], afin d'obtenir que l'église du Saint-Sépulcre fût exemptée de tout tribut et que les chrétiens de la Terre sainte eussent le libre exercice de leur religion. Le diacre, en s'acquittant de sa mission, offrit au roi des Francs, de la part de l'évêque, une cassette d'argent remplie de rares et précieuses reliques, comprenant entre autres, un morceau du bois de la vraie croix, des vêtements de la Vierge Marie, un bras de saint Denis, de saint Basilide, etc. Charlemagne s'empressa d'expédier une ambassade auprès du monarque musulman qui, en témoignage de son amitié pour le puissant empereur de l'Occident, lui envoya, avec d'autres présents, les

---

[1] Cette planche n'a pas été reproduite, nous ne savons pourquoi, dans l'Album des gravures de l'édition de 1835.

[2] *Historia de antiquâ, sanctâ et miraculosâ cruce, quæ in templo Societatis Jesu Molshemii devotè asservatur*, etc. Molsheim, 1671. Une édition allemande de cet opuscule a été publiée en 1675 sous le titre: *Historia des uhralt, heilig und wunderthätigen Creutzes, welches in der Kirche der Societät Jesu zu Molsheim verehrt wird*, etc.; elle est encore plus rare que l'original latin et quasi introuvable. Nous n'avons pas pu mettre la main dessus.

---

[1] Ce couvent, fondé en 1320 près de la Bruche, entre Kœnigshoffen et Eckbolsheim, fut transféré en 1591 à Molsheim.

[2] Cet Aaron, roi de Perse, n'est autre que le calife de Bagdad, Haroun-al-Raschid (*le Juste*), qui, comme l'on sait, envoya à Charlemagne, avec les clefs du Saint-Sépulcre, entre autres objets rares, un éléphant, animal inconnu des Francs, et une horloge à sonnerie, la première qu'on ait vue en Europe.

Pl. VIII.

Croix de Niedermünster

clefs du Saint-Sépulcre, et accorda entière liberté de conscience aux chrétiens de la Palestine.

Or il y avait à cette époque à la cour de Charlemagne un seigneur, nommé Hugues, qui, par son attachement à la personne du monarque, était devenu son confident et son favori; en récompense de services signalés qu'il lui avait rendus, il avait même reçu l'investiture du duché de Bourgogne. Cette faveur inouïe excita la jalousie des courtisans à tel point qu'ils résolurent la perte de Hugues. Après avoir mûrement ourdi leur intrigue, en subornant un grand nombre de délateurs, ils vinrent un jour dévoiler avec indignation à l'empereur la trahison de son favori qu'ils accusèrent formellement d'avoir voulu attenter à sa vie pour usurper la couronne. Les dépositions des faux témoins parurent si accablantes pour l'accusé que Charles, outré de la perfidie de son favori, ne voulut pas même l'admettre à se justifier et le condamna à avoir la tête tranchée. Hugues, se voyant perdu, sollicita pour dernière grâce qu'on lui apportât dans son cachot les reliques envoyées à Charlemagne par Fortunat; son vœu ayant été rempli, il s'agenouilla devant elles et, les prenant à témoin de son innocence, il recommanda son âme à Dieu. Arrivé sur le lieu du supplice, en présence du roi et d'une grande foule de spectateurs, il monta courageusement sur l'échafaud. Mais au moment où le bourreau allait lui porter le coup mortel, il sentit les muscles de ses bras se raidir et ses mains inertes laissèrent échapper le glaive. Le même phénomène s'étant reproduit chez plusieurs hommes appelés à le remplacer, Charlemagne, croyant à une manœuvre ourdie en secret par les complices de Hugues, voulut lui-même donner la mort à son ancien ami; mais, ayant levé sur lui le glaive, il se sentit, à son tour, impuissant à le manier: ses deux bras restèrent étendus, comme paralysés.

Il reconnut alors que ce prodige était un effet de la Providence qui voulait ainsi manifester l'innocence du condamné, et, se jetant aux genoux de Hugues, il lui demanda pardon de l'avoir injustement soupçonné et condamné; puis, ayant, par son intercession, recouvré l'usage de ses bras, il fit aussi, à sa requête, grâce de la vie à tous ceux qui avaient trempé dans le complot. Ensuite, voulant dédommager le duc d'une façon éclatante, il lui promit de lui donner tout ce qu'il lui demanderait, et, à sa prière, lui fit don des reliques venues de Jérusalem. Bientôt après, Hugues, dégoûté des vanités du monde et las d'une cour où il avait failli perdre l'honneur avec la vie, se retira dans son duché, où, de concert avec son épouse, Aba ou Bava, il ne s'occupa plus qu'à passer le reste de ses jours dans la pratique des vertus chrétiennes.

Quelque temps après son retour en Bourgogne, mû par un sentiment d'humilité, il ne se crut pas digne de conserver dans son château le précieux trésor qui lui rappelait comment la grâce divine avait veillé sur lui; mais, ne voulant pas choisir lui-même le sanctuaire auquel il devait être confié, il résolut de s'en remettre à la Providence. Il fit faire une grande croix en bois de chêne, couverte de lames d'argent représentant les scènes principales de la vie et de la Passion du Sauveur; les reliques y furent déposées; puis la croix, ainsi que plusieurs manuscrits des Évangiles couverts de précieuses reliures et donnés par Aba, furent renfermés dans deux caisses qu'on plaça sur un chameau, qui, sans guide, devait suivre sa route à la grâce de Dieu[1]. Le chameau, escorté

---

[1] Le père Lyra, en bon latiniste qu'il est, a soin de nous donner le texte des allocutions adressées par le duc aux chevaliers et,... au chameau; mais il a oublié d'y ajouter la réponse du chameau.

par cinq chevaliers chargés par le duc de le suivre jusqu'à l'endroit où il s'arrêterait définitivement, se mit en route et, par monts et vaux, passant sans encombre forêts et rivières, parvint jusqu'à Paris; de là, marchant vers l'orient, il arriva aux Vosges qu'il traversa, et vint, à l'époque de la moisson, le 9 juillet 803, se reposer à l'entrée du village de Saint-Nabor. Déjà les chevaliers croyaient que c'était là le terme du voyage; mais le chameau, se relevant aussitôt, se mit à gravir la montagne au-dessus du village et, parvenu enfin auprès de Niedermünster, alla frapper du pied à la porte de l'abbaye, dans la cour de laquelle il se coucha à terre, indiquant ainsi que c'était là qu'il devait être déchargé de son précieux fardeau.

Les chanoinesses du *Bas-Moûtier* reçurent avec joie le don insigne qui advenait à leur maison par la faveur du ciel: la croix miraculeuse fut placée d'abord sur l'un des autels de l'église; plus tard, comme nous l'avons déjà dit, elle fut exposée à la vénération des fidèles sur l'autel du Calvaire établi à son intention derrière le chœur. Les chevaliers bourguignons, témoins de la sainte vie que menaient les sœurs de Niedermünster, résolurent de passer le reste de leur vie dans le voisinage des sanctuaires fondés par sainte Odile. Laissant à l'abbaye le chameau qui avait obstinément refusé de les suivre et qui y fut employé encore de longues années au service de la maison, ils retournèrent en Bourgogne où ils rendirent compte au duc de l'issue de leur mission; puis, après avoir vendu tous leurs biens, ils se hâtèrent de revenir à Niedermünster; ils y bâtirent, sur un tertre situé à un quart de lieue du monastère, une chapelle dédiée à saint Jacques, patron des pèlerins, et, tout auprès, une petite maison, où ils finirent leurs jours d'une manière si édifiante, qu'après leur mort ils furent comptés au nombre des saints; leurs restes reçurent les honneurs de l'autel, à côté des reliques de sainte Gondelinde et de sainte Eimhilde, dans l'église de Niedermünster. Ajoutons encore que Hugues et Aba, vivement touchés par la conversion des cinq chevaliers et par le récit que ceux-ci leur avaient fait de la vie exemplaire des chanoinesses des deux monastères, y vinrent également en pèlerinage, et firent de riches fondations en faveur des sanctuaires visités par la piété des fidèles.

Telle est la poétique, nous dirions presque, la romanesque histoire de la croix miraculeuse de Niedermünster; voici maintenant, en peu de mots, les faits historiques qui, d'après les recherches de Grandidier[1], paraissent lui avoir servi de fondement. Le légendaire duc de Bourgogne était un comte alsacien, Hugues, descendant du duc Étichon; sa femme s'appelait Bava, nom changé par la tradition en celui d'Aba. Leur fille Hermengarde épousa Lothaire, fils aîné de l'empereur Louis le Débonnaire. Hugues, qui mourut en 837, a pu recevoir de son gendre une partie des reliques autrefois envoyées de Jérusalem à Charlemagne et dont il est fait mention dans beaucoup de chroniques contemporaines. Quant au fameux chameau, son existence historique paraît indubitable[2]. En souvenir de son passage à Saint-Nabor, on avait érigé à l'entrée du village un arc de pierre que Grandidier vit encore debout, et non loin de là, on montrait une pierre portant l'empreinte de son pied, preuves que la présence d'un animal si étranger

---

[1] Nous rappelons à ce propos que le 11 octobre de cette année est le centième anniversaire de la mort de Grandidier, qui décéda prématurément le 11 octobre 1787, à l'abbaye de Lucelle, dont il était allé explorer les archives. Né à Strasbourg, le 29 novembre 1752, il n'était âgé que de 35 ans.

[2] Les *Annales des Dominicains* de Colmar font mention, comme d'une chose mémorable, d'un chameau que Rodolphe de Habsbourg amena en 1289 dans cette ville.

à nos contrées avait vivement frappé l'imagination populaire. Mais il existe aussi des témoignages authentiques du fonds historique de la tradition: comme le calice légendaire de sainte Odile dans les armoiries de Hohenbourg, le chameau avec ou sans la croix, a de tout temps figuré dans celles de Niedermünster, ainsi que dans le sceau des abbesses; il était également représenté sur les pierres bornales, en forme de croix, du domaine de l'abbaye, sur les bannières de l'église de Saint-Nabor, etc. [1].

Comme il a déjà été dit, la croix miraculeuse devint la source de la prospérité dont le monastère inférieur jouit pendant plusieurs siècles, grâce aux nombreuses fondations pieuses, dont fut doté l'autel où elle était exposée. Ainsi, par exemple, par acte du 10 février 1218, Anna de Rodesheim, sœur d'un prébendier de Niedermünster, lui fait donation des champs et des vignes qu'elle possédait sur le ban de Rosheim; en février 1228, Léopold d'Ottenrode lui donne tous ses biens situés dans les bans d'Ottrott et de Gertwiller; en 1240, Frédéric d'Ottenrode et sa femme Mathilde lui font don de leur maison d'Ottrott; enfin, par acte du 29 novembre 1340, une religieuse de Niedermünster, Élisabeth Waffler, de Bischoffsheim, assigne les biens qu'elle possède sur le ban de Barr, pour l'entretien d'une lampe „jusqu'à la fin du monde", devant l'autel de la

[1] Une planche de l'opuscule de Lyra représente une de ces bannières, un sceau de l'abbesse Suzanne de Rathsamhausen (1441-1424) et deux croix bornales; le frontispice du livre reproduit la face antérieure de la croix miraculeuse, avec une vue de l'arrivée du chameau et des cinq chevaliers dans le vallon de Niedermünster. — Le chameau se voit encore sur un vitrail peint, avec le nom de Rosine de Stein, dernière abbesse de Niedermünster (1514-1534), qui provient de l'Hôtel-de-Ville d'Obernai et se trouve actuellement au presbytère de cette ville.

croix. Celle-ci fut particulièrement visitée par les pèlerins qui avaient été prisonniers et qui laissaient leurs chaînes suspendues aux murs de l'église. Le plus illustre des visiteurs de cette catégorie fut le roi d'Angleterre, Richard Cœur de Lion, qui, au sortir de sa captivité au château de Trifels, fit, avant de retourner dans son royaume (1194), un pèlerinage à Niedermünster. Vers cette époque, la croix, déjà endommagée probablement dans l'incendie qui consuma, avant 1180, l'ancienne église, devint l'objet d'une tentative de vol dont elle ne fut sauvée que fortement mutilée; l'abbesse Édelinde de Landsperg la fit entièrement renouveler en 1197, la 22e année de son gouvernement. C'est donc cette croix que représente notre gravure du dix-septième siècle : elle est évidemment l'œuvre de l'un de ces artistes grecs qui, à la suite des croisades, vinrent de Constantinople pour enrichir les églises de l'Occident des chefs-d'œuvre de l'orfèvrerie byzantine.

La croix en chêne, dont le tronc avait plus de huit pieds de haut, le bras transversal cinq pieds et demi de long, et dont l'épaisseur était de deux pouces, était recouverte sur ses deux faces de lames de vermeil (argent doré) enrichies de pierreries et représentant en bas-reliefs diverses scènes des saintes Écritures. Sur la face antérieure se détachait en ronde bosse la statue de Jésus sur la croix, la tête entourée d'un nimbe cruciforme ; les cinq plaies étaient figurées par des rubis. Au-dessus, se voyaient un pélican nourrissant ses petits de son sang, symbole de la charité qui se sacrifie elle-même, et une figure qui paraît être la sainte Vierge; aux pieds du Christ était une abbesse en prières. Les quatre extrémités de la croix portaient les symboles des Évangélistes: l'aigle (saint Jean), le lion (saint Marc), le bœuf (saint Luc) et l'ange (saint Matthieu). La face postérieure représentait les scènes suivantes : Dans le

7

médaillon central, la Trinité délibérant sur la rédemption du genre humain, dont un ange tient les instruments, la croix et le calice. Aux quatre extrémités, quatre emblèmes prophétiques de l'ancien Testament : en haut, le serpent d'airain (*Nombres*, XXI, 9); à gauche, le raisin de Josué et Caleb (*Nombres*, XIII, 24); à droite, le vigneron céleste (*Isaïe*, LXIII, 3); en bas, le sacrifice d'Abraham. Sur la partie inférieure du tronc étaient figurés l'Annonciation, l'enfant Jésus dans la crèche, l'Adoration des mages et la Présentation de Jésus au temple; sur la partie supérieure, l'Ascension de notre Seigneur. Sur le bras transversal on voyait, à droite, la sainte Cène; à gauche, le baptême de Jésus, et un chevalier à genoux, offrant au Christ une église. Cette dernière scène se rapportait sans doute à la donation du comte Hugues, ou à la fondation du couvent de Niedermünster.

Il nous reste à dire quelques mots des vicissitudes que la croix miraculeuse eut à traverser dans les temps modernes. Sauvée heureusement de l'incendie qui ruina pour toujours, en 1546, le Bas-Moûtier, elle fut transférée à Hohenbourg, où elle échappa de nouveau au sinistre du 24 mars 1546. Elle fut alors déposée, avec le calice de sainte Odile et le *Hortus deliciarum* de Herrade de Landsperg, dans le trésor épiscopal à Saverne. En 1580, l'évêque Jean de Manderscheid la remit aux Jésuites qu'il venait d'appeler à Molsheim et qui la placèrent dans la suite sur l'autel du collatéral nord de l'église de leur collège, qui fut construite en 1618 et qui est aujourd'hui l'église paroissiale. Elle y était renfermée dans un retable qu'on n'ouvrait qu'aux grandes fêtes et sur les volets duquel elle était figurée en peinture. Pendant la Révolution, la croix disparut, sans qu'on sache positivement ce qu'elle est devenue. A-t-elle été mise en pièces pour être fondue? Mais il n'existe ni aux archives de la ville, ni à celles de la paroisse de Molsheim, aucun document constatant la remise, à la municipalité, de la quantité de métal provenant des bas-reliefs de la croix[1]. Il ne serait pas impossible, que celle-ci eût été murée secrètement, dans une cachette, dont l'existence est restée ignorée et que le hasard de quelque travail de restauration dans l'église fera peut-être découvrir un jour. On ne peut guère s'expliquer autrement la disparition, sans traces quelconques, d'un objet d'une valeur et de dimensions aussi considérables. Le seul souvenir matériel qui en subsiste encore aujourd'hui est un médiocre tableau à l'huile du dix-septième siècle représentant l'arrivée du chameau à Niedermünster, et servant de revêtement à l'autel de la croix, dans l'église de Molsheim.

---

[1] Des procès-verbaux de ce genre existent, par exemple, pour les anciennes portes de bronze de la Cathédrale, et pour les vases sacrés et les cloches des églises paroissiales de Strasbourg.

XVIII

SAINT-JACQUES

Nous quittons Niedermünster en suivant le chemin qui, passant entre les bâtiments de la métairie, remonte dans la forêt formant la lisière méridionale du vallon et aboutit, à un demi-kilomètre de là, sur le chemin de Barr à Hohenbourg, appelé communément „chemin des pèlerins"; à droite, il s'élève, en contournant le sommet du vallon, vers la fontaine Saint-Odile; sur la gauche, il descend vers Truttenhausen, qui est le but de notre promenade. Mais avant de prendre cette direction, nous nous engageons, près de la bifurcation, dans un sentier qui débouche, à peine visible, du taillis sur notre gauche et qui, après cinq minutes de marche à travers un fourré d'un aspect assez sauvage, nous conduit aux ruines de la chapelle Saint-Jacques. Ce petit sanctuaire, fondé par les cinq chevaliers de Bourgogne, s'élève sur un tertre dont la pente septentrionale domine le vallon de Niedermünster et fait face aux bâtiments de Sainte-Odile: les pieux fondateurs avaient ainsi toujours sous leurs yeux les deux saints monastères, à l'ombre desquels ils avaient résolu de finir leurs jours[1]. Mais

[1] Leurs reliques, transférées après l'incendie de Niedermünster dans l'église de Saint-Nabor, furent données en 1596, avec une partie de celles de sainte Gondelinde, à l'église de Notre-Dame des Ermites, en Suisse.

les restes que nous voyons encore aujourd'hui n'appartiennent pas, naturellement, à l'édifice primitif; ils font partie d'une reconstruction du douzième siècle, qui a dû subsister intacte jusqu'à l'abandon définitif de l'abbaye de Niedermünster, en 1540. Jusqu'à cette époque, Saint-Jacques a probablement servi de demeure à des ermites; plus tard, la chapelle paraît avoir été abandonnée; au milieu du siècle dernier, la nef était tombée en ruines et sur ses fondements fut construite une maisonnette habitée, du temps de Silbermann, par un fermier, et, dans la suite, par un ermite; celui-ci fut remplacé, après la révolution, par un forestier. En 1814, cette bâtisse fut consumée par un incendie qui entraîna l'écroulement de la voûte du chœur, conservée intacte jusque-là. Depuis lors, les ruines restèrent ensevelies sous les broussailles jusqu'en 1859, où elles furent déblayées par les soins et aux frais de la Société pour la conservation des monuments historiques de l'Alsace. Il en reste aujourd'hui le soubassement, haut d'un mètre, de la nef; celle-ci a neuf mètres et demi de longueur sur sept à huit mètres de largeur; dans les quatre angles subsistent encore les bases des colonnes engagées qui supportaient les voûtes; au midi se voit le seuil de la porte. Le chœur, qui forme un carré de trois mètres et demi de côté, a pu être relevé en partie avec les anciens matériaux: le mur du nord, avec ses deux colonnes d'angles, est reconstruit jusqu'à la corniche; les murs de l'est et du sud l'ont été à mi-hauteur, ainsi que leurs colonnes et leurs fenêtres. Tout l'édifice, bâti en pierres bien appareillées, dénote le style roman secondaire, et il est à souhaiter qu'il puisse être un jour entièrement restauré, comme son voisin d'en face, la chapelle Saint-Nicolas. Quant à l'ermitage qui, selon la légende, doit avoir servi d'habitation aux

cinq chevaliers, on croit qu'il se trouvait vis-à-vis de la chapelle, à droite de la bifurcation des chemins de Sainte-Odile et de Niedermünster; il existe en effet là des traces d'un petit bâtiment, mais elles sont aujourd'hui entièrement enfouies sous la végétation.

Nous poursuivons maintenant le chemin de Barr qui nous conduit à Truttenhausen, le dernier édifice religieux du mont Sainte-Odile dont il nous reste à parler.

XIX

TRUTTENHAUSEN

Le monastère de Truttenhausen [1] doit, comme Saint-Gorgon, son origine à Herrade de Landsperg. Trois ans après avoir fondé le petit prieuré de la vallée de Saint-Nabor, l'illustre et savante abbesse de Hohenbourg se décida à créer un établissement plus considérable à la base opposée de la montagne. Cette fondation a sans doute été motivée d'abord par l'incendie de Niedermünster qui interrompit pour un temps assez long le service de l'hôpital; mais si Herrade voulut ainsi venir en aide à l'abbaye-sœur qui, d'ailleurs, se releva de ses ruines dès 1180, il paraît aussi que, cédant à son insu à l'esprit de cloître,

elle ait songé à profiter de cette occasion pour doter son monastère à elle d'un établissement hospitalier qui le rendît indépendant de celui du Bas-Moutier; car il semble avéré que, dans le cours des siècles, les deux maisons étaient arrivées à se trouver dans un état incontestable de rivalité bien contraire à l'union dans laquelle leur fondatrice leur avait recommandé de toujours vivre, rivalité qui s'accentua surtout, lorsque la possession de la croix miraculeuse eut conquis à Niedermünster une renommée et une prospérité presque égales à celles du tombeau de sainte Odile. Quoi qu'il en soit, Herrade commença par fonder, le 18 avril 1181, sur un terrain qu'elle acheta des deniers de son abbaye de plusieurs de ses vassaux, une chapelle et une maison d'habitation, auxquels elle adjoignit ensuite une

[1] Ce nom signifie « maison de Dieu »; il vient du vieux mot allemand Trut, qui veut dire Dieu.

Truttenhausen

église, un monastère avec cloître et enfin un hôpital et une hôtellerie pour les pèlerins. Un frère de l'abbesse, Gonthier de Landsperg[1], prit une grande part à la dotation de la nouvelle maison religieuse, à laquelle un de ses fils, Conrad de Landsperg, fit don, en 1191, de 40 marcs d'argent. Le jour même où fut commencée la construction de Truttenhausen, la fondation en fut confirmée par Frédéric, duc d'Alsace, deuxième fils de l'empereur Barberousse, en sa qualité d'avoué de Hohenbourg ; elle le fut encore plus tard par l'évêque de Strasbourg, Henri de Hasenbourg, et par le pape Luce III, dans une bulle datée de Vérone, le 20 avril 1185.

Herrade confia le service du monastère à un prévôt et douze chanoines de l'ordre de saint Augustin, du couvent de Marbach, dans la Haute-Alsace[2]. Elle assigna, pour leur entretien, deux mesures de vin, deux marcs d'argent, monnaie de Strasbourg, vingt-huit réseaux de froment d'hiver, quatorze réseaux d'orge, une prébende à Niedernai et à Rosheim, la dîme d'une terre à Sundhausen, à Éguisheim, trente-deux arpents de terre, deux de prés et deux de vignes, avec une maison, dans le ban de Goxwiller, quatorze arpents de terre et une maison, à Bergheim, sept arpents de vignes, à Heiligenstein, etc. En échange, le prévôt qui, à chaque élection, recevrait gratuitement l'investiture „par le livre", des mains de l'abbesse, devait établir deux de ses conventuels à Hohenbourg, à titre de prébendiers pour le service des autels ; lui-même était tenu, sauf empêche-

ment, d'y célébrer la grand'messe, à certaines fêtes, telles que la Purification, le dimanche des Rameaux, le Jeudi-Saint, la Saint-Jean-Baptiste, l'Assomption, la Saint-Michel, la Toussaint ; il devait, en outre, y dire la première messe le jour de Sainte-Odile (13 décembre), de la consécration de sa chapelle (20 octobre) et à Noël, jours où la grand'messe était chantée par l'abbé d'Étival.

L'histoire de Truttenhausen présente les mêmes alternatives de grandeur et de décadence que celle des deux abbayes de Sainte-Odile. De 1181 à 1436, le monastère fut gouverné par dix-neuf prévôts[1], et, dans les deux premiers siècles de cette période de son existence, il s'éleva à un haut degré de prospérité, tant par la vie exemplaire de ses membres que par la sage administration de ses biens. En 1292, il acquit de la ville d'Obernai un terrain attenant à la forêt d'Urlosenholz, située entre Truttenhausen et Saint-Nabor ; mais la fixation des limites de ce terrain donna lieu à un long procès qui ne fut vidé qu'en 1312 par un traité, en vertu duquel la ville céda tout l'objet en litige au couvent, dont les religieux reçurent en même temps le droit de bourgeoisie. Par contre, Truttenhausen paya 80 marcs d'argent et s'engagea à fournir à Obernai deux hommes armés, aussi souvent que la ville serait appelée à mettre son contingent à la disposition de l'empereur ; mais si elle était menacée d'une attaque, le couvent était tenu de lui

---

[1] Il porte aussi le nom de *Günther von Jugenhege* ou *Vigenhege*, *Vinhege* ou *Winheim*, nom d'un village disparu, dont le ban fut incorporé dans celui d'Obernai, et que Gonthier de Landsperg prit peut-être comme cadet de famille, ou parce qu'il résidait habituellement dans ce village.

[2] Le couvent de Marbach, fondé en 1090 par Bourcard de Gueberschwihr, fut la maison-mère des Augustins en Alsace.

[1] Le premier prévôt, Volkmar, mourut en 1211. Sous le neuvième, Henri II (1281-1304), fut construite en 1288 une chapelle dédiée à sainte Marie-Madeleine, fondée par un autre Gonthier de Landsperg et sa femme, Adélaïde de Thann. Oswald de Berwartstein, treizième prévôt, qui mourut en 1366, fut le dernier membre de cette famille noble. Jean III, de la famille Betschelin, de Barr, dix-neuvième et dernier prévôt, mourut en 1436.

fournir quatre hommes (sans caporal); prestations dont toutefois il fut déchargé en 1345 contre paiement d'une rente annuelle de dix livres, monnaie de Strasbourg. En 1360, la prévôté obtint de l'empereur Charles IV le droit de pâturage dans les forêts de Barr, de Heiligenstein, de Bergheim, de Gertwiller, de Goxwiller et des deux Burgheim, localités alors relevant directement de l'empire.

Bientôt après commença pour Truttenhausen l'ère des catastrophes : en 1365, les compagnies anglaises qui ravageaient alors l'Alsace, incendièrent le couvent; en 1439 et en 1444, il fut de nouveau dévasté par les bandes des Armagnacs. Un long procès avec la ville d'Obernai, au sujet de la rente annuelle de dix livres, terminé enfin, par l'entremise du comte Frédéric de Linange-Dabo, au moyen d'un compromis qui fut ratifié, en 1444, par le concile de Bâle, acheva la dilapidation du patrimoine conventuel. Truttenhausen se trouvait alors dans un si piteux état, que le vingtième prévôt, Nicolas Weissenburger (élu en 1436), tout en cherchant à relever la maison de ses ruines, crut devoir renoncer à la dignité prévôtale et prit le titre plus modeste de prieur, qui fut dès lors porté par les dix supérieurs qui lui succédèrent jusqu'en 1555. Son successeur immédiat, Nicolas Zorn de Schillersdorf, se démit même en 1454 de ses fonctions, en remettant le couvent aux mains de l'évêque Robert de Bavière. Celui-ci le soumit à l'abbaye de Windesheim, du diocèse d'Utrecht, et y établit des religieux du monastère de Bodickheim, diocèse de Paderborn, qui, par leur vie exemplaire, surent rendre en partie au couvent son ancienne prospérité. Sous le gouvernement du troisième prieur, Jean IV Tulman ou Thilmann, ils reconstruisirent l'église conventuelle, dont le chœur fut achevé en 1468 et le clocher érigé en 1490. Une preuve du relèvement moral

du prieuré se voit dans le fait qu'en 1463 l'évêque affilia à Truttenhausen le couvent des Augustins d'Ittenwiller que, neuf ans auparavant, il avait incorporé au couvent de Saint-Arbogaste, près Strasbourg[1]; cette réunion cessa toutefois dans la suite, quand Ittenwiller fut érigé en prieuré indépendant.

La première moitié du seizième siècle devint aussi fatale au prieuré de Truttenhausen qu'aux deux abbayes de Sainte-Odile. En 1525, au mois de février, une troupe de paysans révoltés fit une démonstration menaçante contre le couvent; le lundi de Pâques (17 avril), une bande plus considérable vint l'occuper pour y établir son quartier-général et finit par le livrer au pillage et à la destruction. L'avant-dernier prieur, Jean VI de Sonspach (1520-1529), s'occupa de nouveau à le rétablir; mais sous son successeur, Antoine du Cologne, le feu ayant pris par accident, le 5 juillet 1555, dans la maison de bain, attenante à la cuisine, la plus grande partie des bâtiments, y compris l'église et le cloître, furent réduits en cendres; les religieux se dispersèrent et le prieuré cessa d'exister comme maison religieuse. Truttenhausen fut alors réclamé par les sires de Landsperg, en leur qualité de descendants des fondateurs; la propriété leur en fut définitivement assurée par le traité de Westphalie (1648); une réclamation portée par le couvent de Marbach devant le Conseil souverain d'Alsace, séant alors à Neuf-Brisach, fut repoussée. En 1749, Samson-

[1] Situé en amont de Strasbourg, sur la rive droite de l'Ill, au lieu dit *Montagne verte*, où, comme on sait, Gutenberg fit, vers 1436, ses premiers essais d'imprimerie en caractères mobiles. Selon une tradition populaire, ce serait dans une partie, alors abandonnée, du couvent même qu'il aurait fait l'invention de son «art merveilleux». — Le couvent de Saint-Arbogaste fut démoli en 1530, lors de la construction des fortifications de la porte Blanche.

Frédéric de Landsperg vendit le domaine au chapitre de la Cathédrale de Strasbourg, qui fit construire en 1750, sur les ruines du couvent, une maison d'habitation et une métairie ; en 1763, une nouvelle chapelle fut établie à gauche du vieux clocher. Bientôt après le domaine fut racheté par les Landsperg, qui le conservèrent jusqu'à la révolution ; en 1800, ils le vendirent à la famille de Türckheim, qui en est restée propriétaire jusqu'à ce jour. Nous allons en donner, à l'appui de la gravure de Silbermann (pl. IX), une courte description [1].

Truttenhausen est situé sur une avancée du mont Sainte-Odile, dont l'altitude est de 364 mètres, à l'entrée même de la forêt, sur le fond sombre de laquelle se détache, avec un charme incomparable, la blanche silhouette du vénérable sanctuaire construit à la fin du quinzième siècle. La tour, dont la porte est surmontée de la double date de 1490, en chiffres arabes et en lettres gothiques, est aménagée dans sa partie inférieure en logement de jardinier ; son sommet forme aujourd'hui une terrasse entourée de créneaux. De l'église, il reste les murs du pourtour jusqu'à la hauteur de la corniche et le mur de refend entre la nef et le chœur. Les fenêtres ont presque partout conservé les trilobes de leurs ogives. A en juger d'après la hauteur et la disposition de celles du vaisseau, ce dernier semble n'avoir pas eu de bas-côtés, ou bien ceux-ci

[1] L'accès de la propriété est gracieusement accordé, sur requête préalable auprès de M. le baron Rodolphe de Türckheim, aux personnes qui désirent voir l'intérieur de l'église. — Le mur à pignon, figuré sur la planche de Silbermann, en avant du côté sud de l'église, n'existe plus ; il en est de même de l'arcade de la porte d'entrée. Quant au vieux sapin qui s'élève à côté comme un mat de navire, il a dû disparaître il y a une quarantaine d'années ; il est, avec son panache de verdure, l'un de nos plus anciens souvenirs d'enfance.

avaient à peu près la même hauteur que la nef du milieu ; toutes traces de piliers ont disparu sur le sol. Du côté du chœur il a peut-être existé un jubé séparant les deux parties de l'église, comme nous le voyons encore dans les églises de Saint-Guillaume et de Saint-Pierre-le-Jeune à Strasbourg. Le chœur, formé de trois travées en avant de l'abside polygonale, a conservé la base des nervures de leurs voûtes. Du côté gauche (côté de l'Évangile) il existe encore une custode de style flamboyant (gothique tertiaire) pour le Saint-Sacrement. L'église de Truttenhausen a servi pendant tout le moyen âge de lieu de sépulture aux familles nobles des environs et à d'autres personnages éminents ; mais des nombreux monuments funéraires qui la garnissaient autrefois, il n'en reste plus aujourd'hui que quelques-uns que nous allons signaler. Toutes ces pierres tombales sont dressées à l'extérieur contre le mur du nord ; elles portent les désignations suivantes : 1° Egenolf de Landsperg, chevalier, mort le 1er juillet 1348, et sa femme, Catherine de Jungholtz, morte en 1338 (cette pierre a près de trois mètres de longueur) ; 2° Jean-Théodore, curé (plebanus, probablement d'Obernai), mort le 28 avril 1412 ; 3° Pierre d'Andlau, religieux (frater) de Truttenhausen, mort le 6 avril 1433 ; 4° Adam, comte de Saarwerden (appelé abbas noster?), mort le 17 novembre 1510 ; 5° Jean de Sonspach, avant-dernier prieur, mort le 23 décembre 1529. Il existe en outre quelques pierres à inscriptions illisibles et un petit cercueil en pierre placé dans la nef. Il y avait autrefois, dans une niche du chœur, un beau monument funéraire représentant un chevalier armé de toutes pièces et couché, les pieds appuyés contre deux lions, avec les écussons de Landsperg et de Rathsamhausen et la date de 1492 ; en 1763 il fut transféré dans la nouvelle chapelle construite à côté du clocher. Ce monument a été détruit en 1793

8

pendant la Terreur[1]. A gauche de la tour on voit les restes d'une porte romane qui, avec quelques fragments de sculpture de même style, sont les derniers débris de l'église primitive du douzième siècle. Cette même porte donnait accès dans le cloître, qui s'étendait au nord de l'église et dont la surface

forme aujourd'hui un beau jardin; celui-ci se relie à une terrasse élevée qui règne au nord du chœur, tout tapissé d'un lierre séculaire: le panorama dont on jouit de ce point de vue sur la vallée rhénane est tout simplement merveilleux. Si la vieille église découronnée produit sur le spectateur un effet mélancolique, cette impression est en quelque sorte mitigée, quand il voit quels soins éclairés veillent sur la conservation de cette vénérable ruine. Puissent tous les anciens monuments de notre pays trouver des protecteurs aussi soucieux de les respecter que l'éminent propriétaire de Truttenhausen, qui, parmi d'autres titres à la sympathie des Vieux-Alsaciens, a droit à toute leur reconnaissance pour la pieuse sollicitude qu'il consacre à l'unique témoin des fondations de Herrade de Landsperg!

---

[1] Il existe, au château d'Éberstein, près Gernsbach (Bade), quatre vitraux peints, du dix-septième siècle, désignés comme provenant de Truttenhausen. Cette indication est évidemment erronée, puisque Truttenhausen a été détruit en 1555. D'après feu M. le baron de Schauenburg, les panneaux en question ont fait partie des verrières, dites peintures d'apprêt, du cloître de la Chartreuse de Molsheim, œuvre des frères Linck, de Strasbourg (1627-1631), et dont la majeure partie a été, jusqu'au 24 août 1870, conservée à la bibliothèque de Strasbourg.

XX

LE MUR PAÏEN

1.

Comme nous l'avons déjà dit au début de ce travail, le mont Sainte-Odile est célèbre et intéressant à deux titres: d'abord, par la légende chrétienne qui lui a donné son nom et les sanctuaires dont celle-ci a provoqué la fondation; ensuite, par la colossale enceinte en pierres, appelée „Mur païen", qui entoure tout le plateau supérieur de la montagne. Après avoir

jusqu'ici décrit les monuments religieux et raconté leur histoire si mouvementée, nous avons à nous occuper maintenant du monument, d'un genre tout différent, que nous a légué l'antiquité païenne et qui représente, pour ainsi dire, le point de départ ou le berceau de l'époque historique de l'Alsace. Le mur païen et la voie romaine forment, dans l'œuvre de Silbermann, le sujet de trois grandes et deux petites gravures qui vont successivement passer sous les yeux de nos lecteurs.

Pl. X a.

a) Vallée de Saint-Ulric ou de Barr. — b) Château de Landsperg. — c) Truttenhausen. — d) Saint-Nabor. — e) Ottrott. — f) Handschab. — g) Mennelstein. — h) Schaftstein. — i) Wachtstein. — k) Bloss et enclos méridional du Mur païen. — l) Château de Birkenfels. — m) Châteaux de Dreistein. — n) Couvent de Sainte-Odile. — o) Fontaine Sainte-Odile. — p) Saint-Jacques. — q) Niedermünster. — r) Saint-Gorgon. — s) Voie romaine. — t) Entrée du Mur païen. — u) Fontaine Saint-Jean. — w) Château de Waldsberg. — x) Enclos septentrional du Mur païen. — y) Château de Rathsamhausen. — z) Château de Lützelbourg.

Pl. X b.

d) Wachtstein. — c) Schaftstein. — b) Mennelstein. — a) Landsperg.

Nous commençons la série par la planche X qui reproduit le tracé d'ensemble du mur païen ; la légende qui l'accompagne et la boussole figurée vers le nord permettent de s'orienter plus facilement dans la description que nous allons esquisser. Mais, hâtons-nous de le dire tout d'abord, ce plan est loin d'être exact, tant pour la configuration topographique des montagnes et des vallées, principalement du côté de l'ouest et du nord, que quant à la ligne de pourtour du mur païen. Les erreurs qu'il renferme seront relevées dans le cours de la description ; nous ferons seulement remarquer ici que le point septentrional extrême de l'enceinte se trouve en réalité à l'endroit marqué *w*, près duquel s'élève le château de Waldsberg, ou *Hagelschloss* ; toute la partie figurée comme englobant dans tous ses replis la surface de la montagne située au nord-est de Sainte-Odile, jusqu'auprès des châteaux d'Ottrott, et appelée *Homburgerberg*, est de pure fantaisie. Le fait est que les savants qui, au siècle dernier, se sont occupés du mur païen, n'ont eu qu'une connaissance très sommaire de sa véritable étendue. Laguille, dans son *Histoire de la Province d'Alsace*, en publia d'abord un plan qui servit également, avec quelques modifications, à Schœpflin, et fut reproduit, à peu près tel quel, par Silbermann (1783) et Pfeffinger (1812)[1].

Ce ne fut que vers la fin du premier quart de notre siècle

que le mur païen devint l'objet d'un lever topographique scrupuleusement exact. Les recherches sur les antiquités départementales, ordonnées par le gouvernement de la Restauration, fournirent à notre savant archéologue, Jean-Georges Schweighæuser, l'occasion et les moyens de faire exécuter ce travail méritoire, qui est l'un de ses plus beaux titres scientifiques, et pour la partie technique duquel il trouva un collaborateur aussi zélé que désintéressé dans la personne du capitaine d'artillerie *Thomassin*, dont le nom reste indissolublement lié à celui de l'antiquaire strasbourgeois, dans la reconnaissance de tous les archéologues et historiens qui se sont occupés depuis lors, ou s'occuperont encore à l'avenir, du mur païen de Hohenbourg. Ce plan est à l'échelle de un centimètre pour cent mètres, ou 1 à 10,000 mètres ; les points principaux en ont été déterminés par des opérations trigonométriques, et tous les détails mesurés à la chaîne et à la boussole ; la base de la triangulation se trouvait sur un terrain uni, situé entre Saint-Nabor et la route d'Obernai, à 154 mètres d'altitude au-dessus du pavé de la Cathédrale de Strasbourg. Le travail de l'éminent capitaine français, œuvre de plusieurs années, fut publié en 1825, sous le titre : *Plan topographique de l'enceinte antique dite Mur Payen, située autour de la montagne de Sainte-Odile, sur le versant oriental des Vosges*[1], etc., et fut accompagné d'une *Explication* rédigée en français et en allemand par Schweighæuser, qui est encore aujourd'hui le meilleur

---

[1] En 1602 ou 1603, Jean-Pierre Müller a tracé une vue à vol d'oiseau de la moitié méridionale du mont Sainte-Odile, comprenant le Bloss et le plateau du couvent. Ce plan, où l'on voit figurées les ruines des bâtiments claustraux, avant leur reconstruction depuis 1613, était autrefois conservé à la Bibliothèque ou aux archives de la ville de Strasbourg ; il a été reproduit dans l'ouvrage de Pfeffinger et, de nos jours, dans l'intéressant et pittoresque album publié par notre concitoyen, M. Alfred Touchemollin, sous le titre : *Le Mont Sainte-Odile ; notes et croquis* (24 planches in-folio oblong. Strasbourg, sans date [1878]).

[1] Ce plan, qui a servi de base à ceux publiés depuis par les auteurs des monographies sur le mur païen, a été reproduit tout d'abord, en réduction de l'in-folio original, pour remplacer celui de Silbermann dans l'album des planches de 1781, réimprimées en 1835 pour la nouvelle édition de sa *Beschreibung von Hohenburg*, par Strobel.

guide pour tous ceux qui veulent étudier de près la remarquable enceinte gallo-romaine. C'est donc le plan de Thomassin que nous allons suivre pour esquisser le pourtour du mur païen, en réservant pour la suite les indications techniques et historiques à donner sur sa construction.

Le mur païen forme autour du plateau de la montagne de Sainte-Odile une enceinte continue, dont le développement total est de 10,502 mètres ; la superficie enfermée dans son pourtour est de 1,006,257 mètres carrés. La plus grande longueur de l'enclos, depuis le Mennelstein au sud jusqu'au Hagelschloss au nord, est, en ligne droite, de 3070 mètres. L'enceinte entière était autrefois divisée par deux murs transversaux, dont il subsiste encore des restes, en trois enclos distincts. L'enceinte centrale, à laquelle se rattache le plateau du couvent, forme un triangle irrégulier dont les angles sont au nord, à l'est et au sud; l'enceinte septentrionale représente un losange allongé ayant ses angles vers les quatre points cardinaux ; l'enceinte méridionale (la Bloss) figure un polygone très irrégulier. Pour faire simplement le tour complet du mur, sans s'arrêter, il faut trois heures de marche, parfois assez difficile, à travers les rochers éboulés et les fourrés; mais si on veut l'examiner à loisir, il faut compter au moins une demi-journée. Cette exploration, autrefois très pénible, est aujourd'hui facilitée par les nouveaux sentiers établis par le club vosgien et qui permettent de suivre presque partout le pourtour du mur, tant à l'intérieur de l'enceinte que le long de sa base, à l'extérieur.

Nous prenons, pour point de départ, l'entrée même du couvent, à l'endroit où vient y aboutir le sentier de la fontaine Sainte-Odile. A la suite de la crête rocheuse qui, de là, longe le bord oriental du plateau antérieur du couvent, le mur païen

contourne le sommet du vallon de Niedermünster, qui forme, avec le vallon opposé, à l'occident, un étranglement que coupe en diagonale le mur transversal méridional. Avant d'arriver à ce point de séparation de l'enceinte centrale d'avec celle du sud, on rencontre les curieux rochers superposés comme des miches de pain et communément appelés pour cette raison „roches du boulanger" (Beckenfelsen)[1]. Après avoir suivi la crête de la Bloss jusqu'à sa pointe orientale extrême, située au-dessus du contrefort appelé Handschuh (f du plan), le mur gagne l'extrémité méridionale formée par le Mennelstein. Ce rocher, célèbre par le magnifique panorama qu'il offre au regard, et dont l'altitude est de 816 mètres au-dessus de la mer et d'environ 60 mètres au-dessus de celle du couvent, se trouve de plein pied du côté de la Bloss; mais du côté de la vallée, il plonge à une profondeur d'environ trente mètres. C'est sur le flanc extérieur du Mennelstein que l'imagination populaire croyait autrefois voir figurer des anneaux de fer destinés à amarrer les bateaux qui étaient censés naviguer sur le grand lac de la vallée du Rhin, dont nous avons signalé les traces irrécusables sur les parois du rocher de Sainte-Odile.

---

[1] Cette dénomination populaire est contredite par notre savant ami et ancien condisciple, M. Félix Voulot, conservateur du musée d'Épinal, auteur du curieux ouvrage : Les Vosges avant l'histoire (Mulhouse, 1872). L'infatigable explorateur des sommets vosgiens a trouvé sur le « rocher du boulanger » une cavité circulaire, creusée de main d'homme, antique vestige du culte druidique, comme il en existe sur un grand nombre de nos pics rocheux, par exemple sur le Schneeberg. C'est, par conséquent le nom de « roche du bassin » que M. Voulot revendique pour le Beckenfels, mot qui en est en effet la traduction exacte, mais qui, dans la prononciation locale, a pris un sens tout différent (Bæcker ou Beck, boulanger, pour Becken, bassin), inspiré à l'imagination populaire par la configuration du rocher.

Mais à cette période préhistorique de notre pays, l'homme n'existait pas encore, heureusement pour lui, car la „mer jurassique“, dont les vagues battaient à la fois les crêtes des Vosges et de la Forêt-Noire, n'avait pour habitants de ses eaux ou de ses rives que les ichthyosaures, plésiosaures, ptérodactyles et autres monstres du genre saurien, qui n'eussent fait du pauvre „bipède sans plumes“ qu'une bouchée! [1].

Du Mennelstein, le mur, prenant la direction vers l'ouest, passe successivement près des rochers du Schaftstein et du Wachtstein qui forment également des promontoires sur le flanc de la montagne; le second en est même entièrement détaché et s'élève comme une aiguille en avant du mur païen, avec lequel il paraît avoir été autrefois relié par un mur de jonction; son plateau porte des traces de constructions qui ont dû appartenir à une tour de vigie, semblable à celle qu'a remplacée la chapelle des Anges [2]. A partir du Wachtstein, le mur se dirige vers le nord-ouest, formant d'abord un angle aigu, en dehors duquel se trouvent deux galeries de pierres posées de champ parallèlement et recouvertes en partie de pierres horizontales; ce sont les „monuments druidiques“ dont la véritable origine et la destination ne sont pas encore fixées.

Plus loin, le mur s'avance considérablement vers le nord-

ouest, en contournant une avancée du plateau de la Bloss [1]; puis il revient vers l'est en longeant le sommet du vallon par lequel la nouvelle route carrossable aborde le plateau de la montagne; c'est près de ce point que se trouve l'autre bout du mur transversal méridional. L'élargissement de la voie pour le passage de cette route a malheureusement fait supprimer une partie de la tranchée rocheuse qui servait primitivement d'entrée dans l'enceinte centrale. A partir de ce point le mur suit, à peu près du sud au nord, les contours de la montagne au-dessus de la vallée occidentale, ou de Dreistein; il passe successivement à proximité de la fontaine Saint-Jean, de celle appelée *Badstub*, et des châteaux de Dreistein. Près de là se voit dans le mur une poterne dont l'un des jambages est encore debout, tandis que l'autre gît à terre; elle n'a été déblayée qu'en 1877. A la hauteur des Dreistein, on trouve les restes du mur transversal septentrional; le mur suit alors le bord du plateau du nord jusqu'à la pointe extrême, où il s'arrête brusquement devant le ravin qui le sépare du château de Waldsberg. De là, il prend la direction du sud-est, longeant presque en ligne droite le bord oriental de la montagne au-dessus du vallon du Hagelthal; puis, traversant obliquement le plateau du Homburgerberg, il vient aboutir sur la crête rocheuse qui règne au-dessus de la pente méridionale du vallon de Saint-Nabor. A partir de ce point, le mur contourne le sommet de ce vallon, au haut duquel il présente deux entrées à la voie romaine venant de Saint-Gorgon: l'une débouche au nord dans l'enceinte septentrionale, près du *Stollhafen*,

---

[1] Le plan de 1603, mentionné plus haut, porte en effet, au Mennelstein ou au Wachtstein, un anneau par lequel le dessinateur a voulu simplement symboliser l'ancienne tradition populaire. Nous aurons à mentionner ultérieurement une autre explication de la destination de ces mystérieux anneaux que personne n'a jamais pu découvrir.

[2] La petite planche X *b* montre une vue d'ensemble de ce côté méridional de la Bloss, prise des montagnes de la vallée de Barr.

[1] Cette saillie n'est pas indiquée sur le plan de Silbermann: elle s'avance sur le flanc occidental du mur, dans la direction du château de Birkenfels, marqué *l*, vers le nord-ouest.

curieux rocher qui surplombe sa base d'une manière effrayante à l'œil; l'autre s'ouvre au midi dans l'enceinte centrale. De ce point, le mur longe le bord du plateau situé au nord-ouest et au-dessous du rocher du couvent et vient finalement se perdre au pied de ce rocher, dont nous faisons le tour pour rejoindre, par le sentier de la fontaine de sainte Odile, le point de départ de notre description.

Nous espérons que celle-ci n'a pas été trop obscure ou embrouillée et que nos lecteurs auront pu, à l'aide de la légende du plan de Silbermann, suivre par la pensée le pourtour du mur païen: peut-être inspirera-t-elle à l'un ou à l'autre le désir de faire sur place cette intéressante pérégrination archéologique, qui est d'ailleurs grandement facilitée de nos jours par les nombreux poteaux indicateurs établis à tous les carrefours des chemins et sentiers qui se croisent à l'infini sur les plateaux de Sainte-Odile.

2.

L'antique enceinte du mont Sainte-Odile, dont nous avons esquissé le circuit, se compose de deux parties bien distinctes: l'une, œuvre de la nature elle-même, est formée par les crêtes rocheuses qui bordent en différents endroits le contour du plateau; l'autre est le mur proprement dit, c'est-à-dire, l'entassement plus ou moins constructif des blocs de rochers, auxquels la main de l'homme a cherché à donner, autant que possible, une forme à peu près régulière et qui, ainsi préparés, ont été employés à composer des assises de maçonnerie, quelque peu conformes aux règles d'une architectonique primitive (pl. XI a), Partout, par conséquent, où le rempart naturel faisait entière-

ment défaut ou présentait un développement jugé insuffisant, en hauteur ou en épaisseur, des tronçons de murs ont été intercalés dans ces intervalles, de manière à donner à l'enceinte mi-naturelle, mi-artificielle, une continuité complète, interrompue seulement aux rares endroits qui devaient servir d'entrées; celles-ci, d'ailleurs, étaient établies de telle sorte, que l'accès en restait toujours surveillé et pouvait facilement être fermé, en cas de danger, par des quartiers de rocs appareillés à cet effet dans leur voisinage immédiat. La surface du plateau étant d'inégale hauteur[1], le mur en suivait dans son circuit la pente naturelle; en d'autres termes, son sommet ne formait pas une ligne horizontale ininterrompue, mais une ligne ondulée, tantôt ascendante, tantôt descendante, selon l'inclinaison du terrain. Ces alternatives de niveau se voient principalement le long du développement occidental du mur, où le versant de la montagne est moins abrupt que le flanc presque toujours vertical de la crête qui règne autour de la Bloss, depuis la plateforme du couvent jusqu'au delà du Wachtstein.

Comme construction, le mur païen est une œuvre à peu près unique en son genre. Tout d'abord, il n'a pas de fondements proprement dits, c'est-à-dire, établis dans le sol creusé à cet effet. La base est ordinairement formée par un bloc unique, superficiellement équarri, posé à plat sur le roc vif, et occupant toute la largeur du mur. Les autres assises sont composées de pierres de dimensions diverses, grossièrement taillées en

---

[1] Le point culminant de la Bloss est à 823 mètres d'altitude, dépassant ainsi de sept mètres celle du Mennelstein (816 mètres); à la pointe nord du mur païen, au château de Waldsberg, l'altitude du plateau n'est plus que de 588 mètres.

VUE DU MUR PAÏEN

PL. XI a.

PL. XI b.

9

rectangles et alignées sur deux rangées longitudinales parallèles ; les intervalles qu'elles laissent entre elles étaient remplis de brocaille ou de sable, que les pluies ont fini par entraîner dans le cours des siècles. Toute trace de mortier ou de ciment fait complètement défaut ; il n'existe non plus dans les assises de pierres destinées à les lier ensemble, c'est-à-dire posées dans le sens de la largeur ou de l'épaisseur du mur. Le seul mode de liaison employé est celui fourni par des crampons ou tenons en bois de chêne, taillés en forme de doubles „queues d'arondes„ (*Schwalbenschwänze*, pl. XI *b*), et placés dans des entailles de même forme, creusées par moitié sur les bords adjacents de deux pierres [1]. Ces tenons ont naturellement disparu depuis longtemps sur les assises exposées aux influences atmosphériques ; mais il peut en exister encore entre les assises inférieures. Silbermann en possédait un, et quelques-uns sont conservés dans les collections publiques ou particulières de notre pays. Quant aux entailles, elles se voient encore aujourd'hui sur une grande quantité de pierres. La hauteur primitive du mur paraît avoir été de cinq mètres, au plus ; il y a deux cents ans, Peltre en a vu, en effet, des parties hautes d'environ quinze pieds ; la largeur ou l'épaisseur est, au maximum, de deux mètres (six pieds). Les dimensions des blocs employés sans ordre régulier à former les assises, varient de 1^m,60 à 1^m,70 de longueur, de 80 centimètres à 1 mètre de largeur et de 30 à 60 centimètres de hauteur. Les queues d'aronde avaient, en moyenne, 20 centimètres de long, 5 centimètres d'épaisseur ; leur largeur,

au milieu, était de 7 centimètres, et aux extrémités, de 9 centimètres.

Tels sont les caractères particuliers qui distinguent l'architecture du mur païen des constructions d'un genre analogue. Il nous reste à examiner le monument sous le rapport historique, ou, en d'autres termes, à déterminer son origine et sa destination. Nous rappellerons d'abord que la plus ancienne mention connue qui nous en ait été conservée se trouve dans un des documents les plus importants relatifs à l'abbaye de Sainte-Odile ; nous voulons parler de la bulle accordée, le 17 décembre 1051, par le pape Léon IX à l'abbesse Berthe, que nous avons mentionnée au cours de l'histoire du couvent, et par laquelle le pontife alsacien confirma à celui-ci la propriété exclusive de tout le territoire situé „dans l'enclos du mur païen„ (infra *septa gentilis muri*). Cette dénomination était donc déjà consacrée d'ancienne date par l'usage général ; elle se retrouve aussi dans la charte de confirmation que l'évêque Conrad de Hünebourg octroya dans le même but, en 1191, à l'abbesse Herrade de Landsperg. Nos chroniqueurs du moyen âge ne nous fournissent aucune donnée sur les auteurs présumés d'une construction dont les dimensions gigantesques étaient bien faites pour lui procurer, dans l'imagination populaire, une origine surnaturelle [1]. Dans la tradition locale rapportée par Kœnigshoven, de „l'habitation sauvage, ou déserte„ (*wilde wonunge*), située sur le mont Hohenbourg, où jadis l'empereur Maximien s'était fait construire une maison

---

[1] Ce mode de jointure est exactement représenté sur la petite gravure de Silbermann ; les demi-entailles sont figurées sur la grande planche XI *a* qui reproduit un des fragments les plus considérables du mur, de neuf pieds (trois mètres) de hauteur.

[1] Le rempart romain qui *existe* encore dans certaines parties de la Bavière, est appelé par le peuple *Teufelsmauer* (mur du diable) ; de même que le célèbre aqueduc romain qui traversait la vallée de la Moselle entre Ars-sur-Moselle et Jouy-aux-Arches, porte le nom populaire de « pont du diable ».

dans „un enclos à l'abri de l'ennemi" (*eine enthaltunge vor den figenden*), cette dernière désignation ne se rapporte évidemment qu'au castellum romain, établi en dehors et indépendamment de la grande enceinte de la montagne. Ce n'est que dans les temps modernes que le mur païen est devenu l'objet des investigations historiques et archéologiques; mais savants et antiquaires sont loin d'être d'accord dans leurs opinions sur ce monument qu'on a nommé à juste titre le „problème archéologique de l'Alsace". Nous ne pouvons que résumer ici les résultats des différentes explications proposées de part et d'autres. Nous ne citons que pour mémoire l'opinion ancienne qui voyait dans le mur païen l'enceinte d'une véritable ville, chef-lieu primitif des Triboques ou des Médiomatriciens, habitants des deux versants des Vosges; la nature rocheuse du sol et la pénurie des sources sur le plateau rendaient celui-ci impropre à l'établissement d'une habitation permanente.

Trois systèmes sont en présence, déclarant que le mur païen est: 1° une enceinte sacrée établie par la population celtique, autochthone du pays, pour la célébration des mystères de son culte; 2° un lieu de refuge créé par les tribus gauloises de la rive gauche du Rhin pour s'y mettre à l'abri des incursions des peuplades germaniques de la rive droite; 3° un lieu de refuge élevé par les Romains pour la sécurité des populations soumises à leur domination, en même temps que les fortifications proprement dites, destinées à assurer la garde des frontières de l'empire.

Si l'on peut admettre que l'un ou l'autre des pics culminants du mont Altitona ait été, pendant l'ère celtique, dédié au culte druidique et, comme tel, protégé par un amoncellement de pierres entassées sans art, formant une enceinte sacrée (*cromlech*), cette destination religieuse ne saurait être attribué à l'ensemble de l'enceinte, dont le circuit est hors de toute proportion avec les conditions dans lesquelles étaient célébrés les mystères du culte druidique. Le mur païen était incontestablement destiné à servir, comme nous venons de l'indiquer, de *lieu de refuge temporaire* aux populations établies entre les Vosges et le Rhin, qui, en cas d'irruption de hordes ennemies, pouvaient s'y mettre pour quelque temps à l'abri avec leurs troupeaux. Toute la question est de savoir quels sont les constructeurs véritables de l'enceinte: Gaulois ou Romains? Or nous savons par Jules-César lui-même que les habitants de la Gaule avaient l'habitude de se réfugier, en cas d'attaque, sur les sommets des montagnes qu'ils avaient fortifiés dans ce but, pour la célébration des mystères de son culte; il paraît par conséquent hors de doute que notre mur païen, dont beaucoup de parties sont loin de présenter la régularité du travail romain, a été l'œuvre primitive de nos ancêtres gaulois. Telle n'est pas, cependant, l'opinion de l'antiquaire rhénan, Jacques Schneider, qui, il y a plus de quarante ans, s'est fait le champion exclusif de l'origine romaine de notre monument[1]. Il en attribue l'établissement, sur la fin du troisième siècle, à l'empereur Maximien Hercule, qui, comme nous l'avons vu au début de l'histoire du monastère de Sainte-Odile, passe pour avoir construit le château-fort d'Altitona, lequel se rattachait à une série d'autres postes fortifiés, existant au nord-ouest de Hohenbourg, sur le Heidenkopf[2], le Purpurkopf[3], le Guirbaden,

---

[1] *Beiträge zur Geschichte der alten Befestigungen in den Vogesen*, etc. (Trèves, 1844).

[2] Situé au delà de la vallée de Klingenthal.

[3] Situé entre le Heidenkopf et Grendelbruch, sur la rive gauche de la Magel, au sud-ouest du château de Guirbaden.

le Ringelsberg[1], et divers sommets coniques des montagnes du pays de Dabo.

Le système de l'auteur, développé avec une incontestable sagacité, paraît très séduisant de prime abord; mais il a le tort d'être trop absolu, et, par conséquent, contraire à la nature des choses. Et d'abord, faire de notre mur païen une œuvre de la sollicitude exclusive des Romains pour les Gaulois de la rive du Rhin, c'est mettre très-gratuitement à l'actif pes „vainqueurs de la terre“ un comble de sensiblerie dont ils ne se sont jamais piqués de faire montre dans l'histoire; en réalité, les „beaux yeux“ des vaincus n'ont été pour rien dans l'établissement des remparts et des postes fortifiés uniquement destinés à garder les frontières. Si les Romains ont laissé la trace de leur puissante griffe sur notre mur, c'est qu'à leur arrivée dans le pays ils l'ont trouvé déjà debout et propre à renforcer leur système d'ouvrages défensifs; nulle part ailleurs, ils n'ont songé à créer de toutes pièces „un lieu de refuge“ si extraordinaire, qui n'a son pareil dans aucune autre partie du monde romain. Mais, matériellement aussi, l'enceinte gigantesque du mur païen ne saurait être, comme les fortifications militaires proprement dites, de dimensions modestes, établies par les Romains sur un certain nombre de pics vosgiens, l'œuvre unique de l'un de ces règnes éphémères des Augustes de la décadence, sans cesse troublés par les invasions de plus en plus fréquentes des innombrables peuplades qui se ruaient, l'une derrière l'autre, sur la vallée rhénane[2]. Quand

on considère le colossal effort qu'ont dû exiger le déplacement et l'entassement de ces masses rocheuses, que des leviers seuls — et quels leviers! des troncs d'arbres — maniés par des milliers de bras, pouvaient mettre en mouvement, on reste convaincu qu'elles n'ont pas pu être élevées dans un laps de temps si court. Il a d'ailleurs été constaté qu'en beaucoup d'endroits, les entailles pour les queues d'arondes ne se correspondent pas, preuve qu'elles ont été exécutées à la hâte pour une réparation précipitée, ce qui nous force encore d'admettre que le travail des Romains n'a pas été une construction systématiquement entreprise à loisir, en temps de paix publique. Nous croyons donc pouvoir conclure en disant que notre mur païen a été l'œuvre successive des générations qui se sont succédé sur notre sol bien avant la conquête romaine jusqu'à la chute de l'empire : ébauché par les populations primitives pour leur sécurité passagère, il a été agrandi, remanié, réparé à tour de rôle par celles qui les ont suivies pendant les cinq premiers siècles de notre ère; l'épithète de *gallo-romain* nous semble donc être la seule qui réponde à la vérité historique.

Si, pour les antiquaires, notre mur païen restera peut-être toujours „le monument le plus énigmatique de nos contrées“, comme l'a appelé Schweighæuser[1], il est, sans contredit, le plus populaire pour tous les enfants de l'Alsace, qui aiment à explorer ses ruines grandioses, sans chercher à deviner l'énigme de pierre ensevelie sous leur manteau quinze fois séculaire de lierre et de lichens, de mousse et de bruyère.

---

[1] Situé au nord-ouest de Niederhaslach, dans la direction du Schnéeberg.

[2] D'après Schneider, les fameux anneaux de fer de Mennelstein, s'ils ont existé, auraient servi aux Romains à fixer des échelles de corde; mais la difficulté eût été de les attacher, comme pour le grelot de Rodilard.

---

[1] *Enumération des monuments les plus remarquables du département du Bas-Rhin*, etc. (Strasbourg, 1842).

XXI

LA VOIE ROMAINE

A la visite du mur païen se rattache tout naturellement celle de la voie antique, ou, pour parler plus exactement, des voies antiques, — car il y en a eu primitivement deux — qui conduisaient de la plaine sur le sommet du mont Hohenbourg. Une seule de ces deux routes, celle qui remonte la vallée de Saint-Nabor, existe encore aujourd'hui, en partie, à l'état de chemin pavé, telle qu'elle est représentée dans notre planche XII, du temps de Silbermann. Mais, grâce aux investigations de nos archéologues, nous pouvons facilement reconstituer par la pensée le tracé d'ensemble des voies établies par les Romains pour assurer l'accès de leur castellum d'Altitona ; car si, comme nous l'avons vu, le mur païen ne peut pas être revendiqué comme leur œuvre exclusive, la construction de voies pavées est incontestablement une spécialité du „peuple-roi".

Une voie romaine longeait depuis Sélestat, du sud au nord, la base orientale des Vosges ; les traces en ont été reconnues près de Scherwiller, de Dambach, d'Epfig, d'Ittenwiller, etc. A Burgheim, cette voie se raccordait à une autre qui, perpendiculaire à la première, traversait la plaine rhénane par Valf

et Westhausen, jusqu'à l'antique *Helvetus* (Ehl près Benfeld), où elle rejoignait et coupait la grande route militaire de Colmar (*Columbarium*) par Horbourg (*Argentovaria*) à Strasbourg (*Argentoratum*), et se prolongeait ensuite par Gerstheim jusqu'au Rhin. C'est cette voie transversale qui, à l'ouest de Burgheim, se continuait par Heiligenstein et Barr et de là contournait la base du Landsperg et le flanc méridional et occidental de la Bloss, pour aboutir, par une brèche du mur païen, sur l'extrémité sud-ouest du plateau de Sainte-Odile. Cette route, dont Schweighæuser a, le premier, signalé les restes de pavage et, par conséquent, l'origine romaine, subsiste encore à peu près dans son tracé primitif, bien que, comme route forestière, elle ait subi des remaniements qui ont fait disparaître les derniers restes de pavage. C'était, par suite de sa pente rendue relativement moins raide par le développement de son circuit, la voie la plus facile pour les chevaux et la seule autrefois praticable pour les chariots à bœufs ; elle a donc dû être dans l'origine la principale route d'accès du château romain de Hohenbourg.

Quant à la deuxième, celle qui encore aujourd'hui s'appelle

Pl. XII.

Voie romaine

la „voie romaine" [1], elle paraît s'être embranchée près d'Obernai sur la voie longitudinale des Vosges, mentionnée plus haut, et s'être dirigée, probablement en ligne droite, sur Ottrott. De là, elle s'engageait dans la vallée de Saint-Nabor, dont elle remontait la rive gauche, dans la direction du nord-est au sud-ouest, le long de la pente méridionale du Homburgerberg. C'est là que l'on peut encore en suivre le parcours, tel que nous allons l'esquisser en peu de mots. Le premier tronçon de pavé, celui-là même que représente notre gravure, se rencontre à environ un kilomètre en amont de la ferme de Saint-Gorgon. Arrivée au sommet du vallon, elle se bifurque en un angle très aigu: une de ses branches monte par une pente fort raide vers l'enceinte septentrionale du mur païen, qu'elle franchit par un chemin creux formant brèche, non loin du rocher du Stollhafen et du mur transversal du nord; l'autre se prolonge dans la direction du sud, et pénètre également par une brèche, dans l'enceinte centrale, où, au sortir de la forêt, elle débouche sur les champs et prés dits de Sainte-Odile [2], à l'extrémité méridionale desquels, non loin de la fontaine de Saint-Jean, elle se retourne par un angle aigu, vers le nord-est, pour gravir la pointe sud-ouest du plateau de Hohenbourg par un chemin creux, où vient aussi aboutir l'ancienne voie romaine de Barr.

---

[1] Elle s'appelle aussi « voie païenne » (*Heidenweg*) et, comme de juste, dans la langue populaire, « chemin du diable » (*Teufelsweg*).

[2] Ces terrains, qui occupent la pente occidentale de la montagne, entre le plateau du couvent et la partie ouest de l'enceinte centrale, sont les seuls susceptibles de culture sur ces hauteurs; ils ont formé de tout temps le modeste domaine agricole du couvent. Sur le plan de Thomassin, ils sont désignés par les noms de *Brummangelmatt*, *Grossmatt* et *Kanzmatt*. Ce dernier nom vient évidemment de la fontaine Saint-Jean qui se trouve à proximité du pré en question (*Sankt Johanns Matt*).

La longueur totale de la voie pavée d'Ottrott a été calculée par Silbermann à 2644 toises de France (plus de 5000 mètres); mais l'ensemble des tronçons encore existants, mesurés par lui, ne comportait plus guère qu'un sixième de cette longueur, soit 417 toises (environ 800 mètres). Depuis cette époque, la voie a été encore plus détruite, tant par l'action des eaux de pluie qui, en se précipitant avec violence le long de la pente abrupte de la montagne, ont désagrégé les pierres, que par l'usage que les habitants des environs ont fait de celles qui avaient fini par obstruer le chemin [1]. Mais malgré ces dégradations, la voie présente encore dans son parcours des tronçons bien conservés, qui permettent de se rendre compte de son mode de construction. Schœpflin et Grandidier, qui l'ont examinée de plus près, ont reconnu qu'elle était en effet établie selon les règles suivies par les Romains pour l'établissement de leurs chaussées, c'est-à-dire, qu'elle comprend généralement trois couches distinctes, savoir: une inférieure, formée de gros fragments de roche, posés de champ; une intermédiaire, composée de gravier mélangé de sable et de brocaille; enfin la couche supérieure formée par les grands moellons régulièrement équarris, d'environ 50 centimètres jusqu'à près de deux mètres de dimension. Mais aux endroits où la voie était établie sur le roc vif, celui-ci servait, sans intermédiaire d'un lit de chaux, de base aux grands pavés.

La voie avait environ quatre mètres de largeur, tantôt plus, tantôt moins, selon les accidents du terrain rocheux; un élargissement assez considérable est marqué sur le plan de

---

[1] Silbermann nous dit avoir vu lui-même pendant un fort orage, l'eau rouler en torrent sur le chemin creux que forme la voie romaine.

10

Thomassin, vers le haut du vallon de Saint-Nabor; nous ne savons s'il est encore actuellement en bon état.

Sur notre gravure, nous voyons figurer un escalier de pierre d'une vingtaine de marches, conduisant de la voie romaine sur un chemin supérieur, où se trouvait autrefois une petite chapelle rustique dédiée à la Visitation de la Vierge. Cette chapelle, dont on ne connaît pas l'origine et que Silbermann a encore vue en bon état, en 1750, est tombée peu à peu en ruines, de sorte qu'il n'en existe plus de traces aujourd'hui;

près de là se voit encore une vieille croix de pierre[1], à demi cachée sous la mousse et les broussailles.

La voie romaine est le dernier objet que nous avions à visiter dans nos pérégrinations sur le mont Sainte-Odile même; nous passerons maintenant aux monuments qui s'élèvent en nombre sur les hauteurs qui flanquent au sud, à l'ouest et au nord, la „montagne sainte" de l'Alsace.

[1] On la voit distinctement sur la gravure de Silbermann.

XXII

BARR

La ville de Barr, que la belle gravure de Silbermann représente telle qu'elle se montrait aux regards, il y a un siècle, est l'une des localités le plus heureusement situées au pied des Vosges. Elle occupe, à l'entrée de la pittoresque vallée de Kirneck, la pente sud-est du Kirchberg, colline plantée en vignoble, formant le dernier contrefort du mont Sainte-Odile, dont elle est encore séparée par la côte déboisée du *Moenkalb*[1] et par le mamelon qui porte les ruines du

château de Landsperg, au pied même du Mennelstein et de la Bloss. De l'autre côté, la ville est adossée à la base d'une colline également couverte de vignes, appelée le *Rothland* (terre rouge), sans doute à cause de la couleur de son sol sablonneux.

Derrière celle-ci s'élève le sommet boisé du Crax, qui, à la fin du treizième siècle, était couronné par un château appartenant à un sire Cunon de Berkheim, landvogt d'Alsace.

[1] Ce mot, qu'on a fait à tort dériver du latin *mons calvus* (mont chauve, dénudé), est une corruption populaire du nom de *Münchhalde* (côte des moines), sous lequel est désignée, dans plusieurs actes de vente du quinzième siècle, cette colline qui paraît avoir été déboisée de temps immémorial; elle a donc dû appartenir à l'un des couvents des environs, peut-être à celui qui existait à Barr même, et auquel elle servait de pâturage pour les troupeaux, destination qu'elle a conservée jusqu'à nos jours.

a) Ungersberg. — *b)* Mont Crax. — *c)* Mont Rothland. — *d)* Château d'Andlau. — *e)* Château de Spesbourg. — *f)* Sainte-Anne. — *g)* Vallée de Saint-Ulric. — *h)* Kirchberg. — *i)* Moenkalb. — *k)* Château de Landsberg. — *l)* Wachtstein. — *m)* Mennelstein. — *n)* La Bloss.

En 1293, pendant le carême, ce château fut pris et détruit par les forces réunies de l'évêque Conrad III de Lichtenberg et de la ville de Strasbourg; depuis cette époque toutes traces de constructions ont disparu. Le mont Crax est dominé par le beau cône boisé de l'Ungersberg, situé entre la vallée d'Andlau et le val de Villé, et dont la cime, à l'altitude de 904 mètres, a été, de nos jours seulement, rendue facilement accessible au moyen d'un sentier commode établi par le club vosgien; il s'y trouve un belvédère qui offre une vue splendide. Du côté de l'ouest, Barr s'étend comme un long ruban dans l'étroite vallée de Barr ou de Saint-Ulric, formée par le ruisseau de Kirneck, entre le Kienberg, au nord, et la chaîne de montagnes qui, au sud, la sépare de la vallée d'Andlau.

Cette petite ville est une des plus anciennes de l'Alsace; elle se trouve mentionnée, à partir du huitième siècle, sous les noms de *Barre*, *Barru*, *Beara*, *Barra*. Elle fut, de bonne heure, partie du domaine impérial. Au treizième siècle, il s'y trouvait, sur l'emplacement actuel de l'Hôtel-de-Ville, un château appelé *Kleppernburg* et appartenant à la famille noble de Wepfermann; en 1295, il s'écroula subitement, sans cause apparente, et la superstition du temps attribua cette destruction mystérieuse au diable lui-même [1] Il fut remplacé par un nouveau château qui continua à être habité par les Wepfermann jusqu'en 1457, année où cette famille s'éteignit. En 1375, la ville eut à souffrir du passage des compagnies anglaises. En 1444, au mois de septembre, les Armagnacs vinrent, au nombre de 12,000 hommes, envahir la contrée et Barr fut

[1] Une curieuse légende populaire sur la tentation de Jésus-Christ dans le désert, fait dire au Seigneur par le diable: « Barr m'appartient comme héritage de ma grand'mère. »

assiégé. Les habitants fortifièrent à la hâte l'église et le cimetière et s'y défendirent vaillamment, aidés par la petite garnison du château; mais, menacés d'un assaut, ils capitulèrent en se rachetant du pillage par une rançon de 500 florins. En 1518, la seigneurie de Barr, qui comprenait encore les cinq villages de Heiligenstein, Gertwiller, Goxwiller, Mittelbergheim [1] et Burgheim, ainsi que leurs forêts, fut donnée par l'empereur Maximilien Ier à son premier secrétaire, Nicolas Ziegler, après la mort duquel elle passa par parts égales à ses deux fils; mais ceux-ci, fortement endettés, les vendirent successivement à la ville de Strasbourg. L'aîné, Maximilien, lui céda sa moitié, le 25 avril 1566, pour la somme de 42,800 florins, en se réservant le droit d'habiter le château de Barr jusqu'à sa mort, qui arriva peu de temps après. Son frère Frédéric vendit à son tour, le 6 novembre 1568, sa part de la seigneurie à la ville, pour 48,000 fl., sous réserve de la jouissance viagère du château, où il mourut le 15 novembre 1583. Pendant la guerre des évêques en 1592, où la ville de Strasbourg fut du parti du margrave Georges de Brandebourg, Barr fut assiégé, le 10 août, par les troupes du cardinal Charles de Lorraine, et, après une belle défense de la garnison du château, obligé de capituler; mais, malgré le paiement d'une rançon de 1000 couronnes, le château et 70 maisons furent

[1] Il a été dit à la page 11, colonne 2, que l'orgue construit en 1750 par Silbermann pour l'église de Sainte-Odile, et mis en vente, en 1791, par le premier acquéreur du couvent avait été acheté pour la commune de Mittelbergheim. Cet orgue, remplacé en 1860 par un plus grand, est aujourd'hui la propriété de M. Ringeisen, ancien architecte de l'arrondissement de Sélestat, qui en a fait modifier les jeux pour en faire un orgue de salon; le buffet en chêne, haut de 2,50 mètres, large de 1,50, a été conservé intact.

incendiés le 23 août. Au commencement du dix-septième
siècle, Barr fut entouré de murs et de fossés, flanqués de
tours et percés de quatre portes principales qui ont en partie
subsisté jusqu'à nos jours. Pendant la guerre de Trente Ans,
la ville fut tour à tour occupée, et, par conséquent, plus ou
moins rançonnée, par des troupes ennemies ou amies: Lorrains
en 1629, Impériaux en 1632, Suédois en 1634, firent si bien
— ou plutôt si mal — qu'un grand nombre d'habitants se
sauvèrent dans les forêts ou émigrèrent en d'autres contrées.
Pendant les guerres de Louis XIV, Barr devint la victime
d'une cruelle catastrophe, malheureusement causée par la faute
de l'un de ses habitants. Le 9 novembre 1678, au moment où
un détachement français qui avait occupé la ville se disposait
à la quitter, l'officier qui le commandait fut tué par un coup
de pistolet qu'un bourgeois, nommé Fromm, tira sur lui par
une meurtrière à côté de l'une des portes. Les soldats, furieux,
mirent le feu aux quatre coins de la ville qui fut complètement
détruite, à l'exception de l'église, de quelques maisons et de
la partie située dans le val de Saint-Ulric; l'incendie dura
quatre jours et fut si violent que, d'après le récit d'un témoin
oculaire, Jean Joachim Richshoffer, ancien bailli de Barr, les
vitres des fenêtres se fondirent et que plus de mille tonneaux
de vin furent totalement abîmés.

Au dix-huitième siècle, Barr a donné naissance à deux
hommes éminents: Jean Hermann, le célèbre naturaliste,
fondateur du musée d'histoire naturelle de Strasbourg, dont
il fut conservateur pendant quarante ans; il naquit le 31 décembre 1738 et mourut le 4 octobre 1800 à Strasbourg. Son
frère, Jean-Frédéric Hermann, né le 3 juillet 1743 et mort à
Strasbourg le 20 février 1820, devint, pendant la Révolution,
membre du Conseil des Cinq Cents et, sous l'Empire, maire

de Strasbourg; il est l'auteur des *Notices historiques, statistiques
et littéraires sur la ville de Strasbourg* (2 vol. Strasb. 1817-1819),
ouvrage encore fort recherché de nos jours par les amateurs
d'alsatiques.

Jusqu'à la Révolution, la seigneurie de Barr fut administrée
au nom de la ville de Strasbourg par un bailli, élu par le
Magistrat. En 1790, le bourg et les cinq villages devinrent
des communes indépendantes; Barr, d'abord chef-lieu de
canton, fut érigé, en vertu de la loi du 28 pluviôse an VIII,
en chef-lieu d'arrondissement, avec une sous-préfecture et un
tribunal de première instance qui, tous les deux, furent
transférés, en 1806, à Sélestat. Depuis lors, Barr, de
nouveau chef-lieu de canton, est devenu une ville prospère,
grâce à la double activité de sa population, moitié vinicole,
moitié industrielle; ses vins et ses tanneries sont deux spécia-
lités dignes de mention, et le légendaire „million de Barr"
est le symbole significatif de l'aisance générale des habitants.

En fait de monuments publics, Barr ne possède que son
Hôtel-de-Ville, de style Renaissance, construit en 1640 sur
les fondements de l'ancien château; sa façade à tourelle en
encorbellement est d'un effet fort pittoresque. De l'ancienne
église paroissiale de Saint-Martin, située sur le point le plus
élevé de la ville, il ne reste que les quatre étages inférieurs
du clocher, qui datent du douzième siècle et présentent encore
quelques sculptures romanes de cette époque; la partie
supérieure de la tour a été construite au quinzième siècle et
remaniée en 1680. L'église elle-même, telle qu'elle figure sur
notre planche, était une reconstruction de 1569; jusqu'en 1826,
elle a servi aux deux cultes. Elle a été entièrement rebâtie, il
y a une cinquantaine d'années, sous forme d'un grand carré,
dans un style soi-disant roman moderne. Dans la tour sont

conservées trois pierres tumulaires, dont la plus ancienne, trouvée en 1857 dans un souterrain de l'Hôtel-de-Ville, est celle d'un bourgeois, Caspar Baumgart, mort en 1404; la seconde, de Henri Wopfermann, date de la fin du quatorzième siècle; la dernière, de Nicolas Ziegler, est du seizième siècle. L'église catholique de Saint-Ulric, qui s'élève à l'ouest de l'église protestante, sur la même hauteur, date de 1826 et n'a aucun caractère monumental. Quant à l'église représentée sur notre planche, à l'intersection des routes de Strasbourg et de Heiligenstein, elle n'existe plus. C'était une chapelle de la Vierge, consacrée en 1401; après avoir été abandonnée à la suite des troubles du dix-septième siècle, elle fut restaurée en 1738 et dédiée sous le vocable des apôtres saint Philippe et saint Jacques. Elle fut démolie à la Révolution; sa place fut occupée par une auberge qui, de nos jours, a été remplacée par de belles maisons de plaisance [1]. La grande maison qui figure au milieu de la gravure subsiste encore intacte, avec son pavillon central en ligne courbe, à fronton triangulaire, et ses deux portes cochères latérales. Elle a été bâtie vers 1750 par le bailli (*Amtmann*) Marcot, Lorrain d'origine. La construction de cette demeure quasi-seigneuriale, toute en pierre de taille, dans le beau style des châteaux français du dix-huitième siècle, parut si luxueuse aux braves Barrois habitués à ne voir que des maisons en bois et briques, qu'ils l'appelèrent „les folies de Marcot [1]." Un grand nombre de constructions neuves du même genre se sont élevées de nos jours sur les deux côtés de la route de Heiligenstein et dans les autres quartiers excentriques, qui ont un air tout moderne; mais le centre de la ville, avec ses rues étroites et tortueuses sur la pente du Kirchberg ou le long de la Kirneck, a conservé sa physionomie des siècles passés, et sa configuration topographique même met heureusement Barr à l'abri des prétendus embellissements que font subir de nos jours aux villes en plaine les municipalités trop amoureuses de la ligne droite et du carré parfait, démolissant sans nécessité les anciens hôtels et les vieilles tours qui ne demandent qu'à rester debout!

[1] Sauf cette chapelle et ses alentours, l'aspect de cette partie de la ville figurée sur notre planche n'a pas notablement changé; les jardins en pente qui s'étendent encore du côté méridional de la rue permettent toujours au regard de jouir du beau panorama de la plaine de l'Alsace.

[1] Mise en vente à la Révolution, cette maison fut acquise par une famille Kuenlin, de Strasbourg, qui la vendit, vers 1830-1825, à M. Jean Henri Trawitz, de cette ville. Elle est aujourd'hui la propriété de Mme veuve Trawitz-Ehrmann.

XXIII

HEILIGENSTEIN

Les touristes qui prennent Barr pour point de départ de leur ascension du mont Sainte-Odile, par Niedermünster, passent nécessairement par Heiligenstein. Il convient d'autant plus de dire quelques mots de ce village, qu'il est remarquable à plus d'un titre. Heiligenstein, situé sur une avancée orientale de la Bloss, à une demi-heure de marche au nord de Barr, et à dix minutes au sud-est de Truttenhausen, est une commune exclusivement viticole; le vin blanc qu'elle produit, appelé *Claevner*, est un des plus renommés parmi les meilleurs crûs de l'Alsace. Quand on traverse la rue principale, on est tout surpris de voir s'élever au milieu des modestes maisons du village un édifice d'un aspect réellement monumental : c'est la mairie, ou, puisqu'il n'y a pas moyen d'appeler cela une „maison commune", l'hôtel communal, construit, il y a une trentaine d'années, à grands frais, dans le plus pur style de la Renaissance française. La façade à perron et à balcon, surmontée d'un pignon aigu que couronne un élégant lanternon, présente dans une niche centrale la statue en pierre d'Erhard Wanz, qui fut, au siècle dernier, le promoteur de la culture de la vigne à laquelle la commune est redevable de sa prospérité. L'histoire de ce brave homme est assez peu connue pour mériter d'être racontée en quelques mots.

Erhard Wanz[1] était, vers 1740, maire (*heimburger*) de Heiligenstein. A cette époque, les habitants ne cultivaient la vigne que sur les hauteurs situées au-dessus du village; mais elle était d'une qualité et d'un rapport médiocres. Le vaste coteau, appelé l'*Au*, qui s'étend entre Heiligenstein et Goxwiller vers Obernai n'était alors qu'une lande inculte, servant uniquement de pâturage aux troupeaux des deux communes. Wanz, ayant reconnu que le sol en était favorable à la vigne, demanda au magistrat de Strasbourg, seigneur du village, l'autorisation d'y faire une plantation d'essai. Sa demande, accueillie en principe, provoqua l'opposition de la commune de Goxwiller qui, craignant d'être lésée dans ses droits, objecta que le terrain lui était indispensable comme lieu de

[1] Erhard Wanz est ordinairement appelé *Ehret*, diminutif familier de son prénom. — D'après l'extrait d'un registre de famille, dont nous devons la communication à l'obligeance de M. le pasteur Fischer, à Heiligenstein. Wanz est né le 13 février 1704, à Gertwiller, où son père, Philippe Wanz, ancien maire, était marguillier de la paroisse ; sa mère s'appelait Catherine Grimmer. Ehret ne se maria qu'à l'âge de 56 ans, le 20 février 1760, avec Ève Wildt, qui, née le 16 août 1716, était âgée de 44 ans. Nous ne connaissons pas la date du décès de Wanz, qualifié, dans son acte de mariage, *a. H.*, c'est-à-dire *alter Heimburyer* (ancien maire); il avait donc, à cette époque, résigné les fonctions qu'il a dû exercer pendant plus de vingt ans.

pâturage. Ehret, revenant à la charge, obtint de Messieurs de Strasbourg une audience, dans laquelle il leur exposa en termes simples, mais convaincus, son projet et le succès qu'il s'en promettait pour ses administrés; quand on lui opposa l'objection élevée par Goxwiller, il répondit: „Eh! Messieurs, toute l'herbe qui pousse en une année sur le pré, je m'engage à vous l'apporter sous le bras!" Le magistrat, après s'être assuré par un expert du peu de valeur du terrain, accorda à l'intelligent *heimburger* de Heiligenstein l'autorisation demandée, à condition que la commune payerait à la ville la dîme du produit. Wanz fit alors venir, du village de Rott, près Landau, des pieds de vignes appelés *Traminer* et bientôt l'*Au* se trouva transformée en un beau vignoble d'une fertilité incontestable ; comme quantité et qualité, le *Claevner*[1] devint dès lors une source de réel bien-être pour Heiligenstein, dont l'exemple n'avait pas tardé à être suivi par Goxwiller. La dîme due à la ville de Strasbourg, c'est-à-dire les *dixièmes cuves*, rapporta en 1783, sur le seul territoire de Heiligenstein, près de 400 mesures de vin. La mémoire d'Erhard Wanz est encore aujourd'hui vénérée dans son village, et la population, en plaçant la figure de l'honnête et digne *heimburger* au milieu de la façade de la nouvelle mairie, s'est honorée elle-même: elle a donné un noble exemple de la reconnaissance éternelle due à un concitoyen qui fut mieux qu'un grand homme, un homme utile, le bienfaiteur de sa commune.

A part le brave Ehret, Heiligenstein a vu naître trois hommes distingués à d'autres titres. Ce sont:

1° Jean-Michel Meckert, l'ouvrier-poète, né le 19 mars 1727.

---

[1] Ce nom vient de la ville italienne de Chiavenna, en Lombardie, qui, dans la langue romande du canton voisin des Grisons, s'appelle *Claeven*. Toutes les vignes cultivées en Alsace sont originaires de l'Italie.

Fils d'un charpentier, après avoir fait son apprentissage, il voulut voir les pays d'outre-mer. Il s'engagea comme matelot pour les Indes néerlandaises et débarqua le 22 janvier 1749 à Colombo, capitale de l'île de Ceylan, où il resta sept ans en condition. En 1756, poussé par la nostalgie, il revint dans son village, où il mourut, âgé de plus de 81 ans, le 1er juillet 1808. Dans les loisirs de sa double profession de charpentier et de vigneron, il s'occupait de dessin, de lecture, de mécanique et de poésie. Il a laissé six volumes manuscrits contenant ses souvenirs de voyage ainsi que ses poésies, qui, toutes, traitant des sujets religieux et, bien que la forme en soit parfois incorrecte, se distinguent par un vif sentiment de piété[1].

2° Jean-Jacques Gœpp fut pasteur français à Paris, sous la Restauration et Louis-Philippe; il est l'auteur d'un poème religieux : *Der Erloeser* (le Rédempteur), d'autres poésies du même genre (Leipzig, 1827), et d'un *Mémoire sur le dialecte allemand en usage dans la ci-devant Alsace*, inséré dans les *Mémoires de la Société des sciences de Strasbourg* (t. II, 1823)[2].

3° Joseph Willm, né le 10 octobre 1792, mort à Strasbourg, le 7 février 1853, professeur de théologie et de philosophie à la Faculté des lettres et au Séminaire protestant de Strasbourg, inspecteur d'Académie. Il fut directeur de la *Revue germanique* (1828-1837) et a laissé deux ouvrages importants : *Essai sur l'éducation du peuple* (Strasbourg, 1843), et *Histoire de la philosophie allemande* (Strasbourg, 1846-1849, 4 volumes).

---

[1] Il en a été publié un recueil intitulé: *Geistliche Lieder eines elsässischen Zimmermanns, eine Auswahl durch C. Stähelin, mit einem Vorwort von Prof. Wackernagel* (Erlangen, 1858).

[2] Un frère du pasteur, Jean-Georges Gœpp, fut maire de Heiligenstein sous Louis-Philippe; il est mort, il y a quatre ou cinq ans seulement, à l'âge de plus de 92 ans.

11

XXIV

LA VALLÉE DE BARR

Nous revenons à Barr pour traverser la partie occidentale de la ville, celle qui s'étend à l'entrée de la vallée de la Kirneck qu'on appelle aussi val de Saint-Ulric, du nom d'un ancien couvent qui y existait autrefois. Ce couvent, habité par des frères mineurs, fut fondé en 1283 près d'une ancienne chapelle que remplaça en 1463 une nouvelle église. En 1543, les moines l'abandonnèrent pour se retirer dans la maison de leur ordre à Thann; les bâtiments furent peu à peu démolis entre 1613 et 1616, et le nom de Saint-Ulric est devenu depuis le vocable de la nouvelle église catholique, qui paraît occuper en partie l'emplacement de l'ancien couvent.

A l'ouest de cette église se trouve, sur une hauteur dominant la route de la vallée, à 270 mètres d'altitude, l'établissement des bains ferrugineux du Bühl, qui s'élève sur les fondements du *Kreuzhof*, ancienne cour dîmière, autrefois propriété du chapitre de la Cathédrale de Strasbourg et dont les bâtiments furent reconstruits en 1750 avec les matériaux des ruines de Truttenhausen. Le Bühl, dont la situation est des plus pittoresques, reçoit chaque année un certain nombre de pensionnaires ou de simples touristes; il en est de même d'un second bain minéral qui se trouve à quelques minutes plus en amont dans la vallée.

XXV

LE HANGENSTEIN

En remontant celle-ci pendant une demi-heure encore, on rencontre à droite de la route le curieux groupe de rochers que représente notre planche XIV: c'est le *Hangenstein* (roche pendante), ainsi nommé, parce que, en effet, son sommet surplombe sa base. Cette masse rocheuse a trois mètres de haut et sa crête s'avance de deux mètres, formant ainsi une espèce de voûte au-dessus du chemin. L'exhaussement de ce

dernier, pour l'établissement de la route de voitures, a enseveli dans le sol la base du rocher et diminué ainsi l'effet de la saillie du sommet, encore marquée sur le dessin de Silbermann. A peu de distance du Hangenstein la route aboutit au *Holzplatz*, vaste chantier des scieries de la vallée, où commence le pittoresque chemin de *Schlitte* qui, remontant le cours de la Kirneck, conduit par la maison forestière du *Welschbruch* au Hohwald.

Le Hangenstein

XXVI

SAINTE-ANNE

PL. XV.

Croix de Sainte-Anne

A peu de distance du Bühl s'ouvre, à gauche de la route de la vallée, le chemin qui monte au château d'Andlau. C'est près de ce chemin, dans la forêt, que l'on voyait encore, au siècle dernier, la vieille croix de pierre figurée sur notre planche XV, et dont le bas-relief représente sainte Anne tenant sur ses genoux sa fille, la Vierge Marie, et l'enfant Jésus. Le millésime de 1504, lisible sur la gra-

vure, fixe la date de cette croix historiée, dont nous ne savons pas si elle existe encore aujourd'hui.

Non loin de là se trouvent les restes de murs provenant d'une ancienne chapelle de Sainte-Anne, depuis longtemps tombée en ruines, et près de laquelle doit avoir existé autrefois un petit couvent, sur le compte duquel notre histoire locale ne nous fournit aucun renseignement.

XXVII

LE CHATEAU DE LANDSPERG

Le mont Sainte-Odile, doublement remarquable par l'enceinte cyclopéenne dont l'antiquité païenne a couronné son plateau et par les édifices religieux que le christianisme a élevés sur son sommet et à ses pieds, l'est encore une fois par les nombreux châteaux-forts qui, dans les premiers siècles du moyen âge, sont venus l'entourer comme d'un cercle de postes avancés, pour protéger de leurs formidables remparts les paisibles sanctuaires de la „montagne sainte" de l'Alsace. Telle a dû être certainement la destination primitive de ces *burgs*, agglomérés sur un espace aussi restreint, comme on ne les voit sur aucun autre point des Vosges, où cependant les vieux châteaux ne font pas défaut. Il n'y en a, en effet, pas moins de dix autour de Sainte-Odile, savoir: à l'est, Landsperg; au sud, Andlau et Spesbourg; à l'ouest, Birkenfels, les deux Dreystein et Kagenfels; au nord, Waldsberg, Lützelbourg et Rathsamhausen[1]. Leurs possesseurs étaient les défenseurs naturels des deux monastères qui servirent d'asile à bon nombre de leurs filles, dont plusieurs, appartenant aux maisons de Landsperg, d'Andlau, de Lützelbourg et de Rathsam-

hausen, devinrent abbesses à Hohenbourg ou à Niedermünster. Nous allons faire successivement la visite de ces intéressantes ruines.

Le château de Landsperg, situé à un kilomètre du Mennelstein, sur un contrefort oriental de la Bloss, à 580 mètres d'altitude, est, de tous les châteaux des Vosges, le plus avancé vers la plaine alsacienne et, par conséquent, le plus facile à reconnaître de loin; il est, en même temps, par ses dimensions et son architecture, le plus remarquable des châteaux situés autour de Sainte-Odile. La vue qu'en offre la planche de Silbermann, prise du nord-est, permet de se rendre compte de la disposition de l'ensemble des constructions. Le château proprement dit forme un rectangle irrégulier, allongé du nordouest au sud-est. L'angle nord-ouest est occupé par le donjon carré, placé en biais et qui mesure près de dix mètres de côté; les corbeaux en saillie à son sommet indiquent qu'une galerie couverte en faisait le tour au-dessous de la toiture. Le donjon n'était accessible que par une porte pratiquée à sa partie supérieure et qui communiquait, à l'aide d'un pont volant, avec les combles du bâtiment d'habitation. La face nord-est de ce bâtiment est percée à son étage supérieur de quatre fenêtres géminées, à plein-cintre, qui appartenaient évidemment à la salle principale de l'habitation seigneuriale. Au milieu de la

---

[1] A ces dix châteaux on peut encore ajouter celui de Guirbaden qui, bien que situé à une assez grande distance en dehors du rayon du mont Sainte-Odile, peut cependant être visité en un jour par les touristes qui séjournent au couvent.

Pl. XVI.

Château de Landsperg

façade sud-est se voit, entre d'autres fenêtres romanes, une charmante tourelle semi-circulaire en encorbellement, avec une fenêtre étroite en forme de croix; c'était indubitablement l'abside de la chapelle castrale. Au dessous de cette tourelle se trouve l'entrée dans la cour intérieure du manoir seigneurial. Devant cette même façade il existe des restes de murs d'une construction destinée à protéger ce côté-ci du château, tourné vers la plaine, et à laquelle se rattachait l'enceinte extérieure qui l'entourait de toutes parts. Du côté nord-ouest, vers la montagne, cette enceinte, élevée au-dessus d'un large et profond fossé, était flanquée à ses angles par les deux tours rondes figurées sur la pl. XVI et qui ont près de huit mètres de diamètre. A celle du nord-est se rattachait, comme le montre notre vue, un avant-corps de bâtiments où se trouve l'entrée extérieure du château. Le Landsperg, établi partout sur le roc vif, est bâti partie en granit, partie en grès vosgien; il se distingue par sa construction en pierres diamantées ou à bossages, et par ses parties décoratives du style roman de transition, qui le classent au commencement du treizième siècle, date qui, comme nous allons le voir, est confirmée par un document historique [1].

La famille de Landsperg est une des plus illustres et des plus anciennes de l'Alsace; elle est mentionnée dès le dixième siècle. Ainsi, une dame Cécile de Landsperg assiste en 948 à

un tournoi à Constance; en 996, le chevalier Éric de Landsperg est vainqueur à un tournoi à Brunswick. Mais la filiation suivie de la maison n'est connue que depuis le milieu du douzième siècle. En 1144, Frédéric Barberousse, n'étant encore que duc d'Alsace et de Souabe, investit de certains biens situés à Rosheim les frères Égelolphe et Conrad de Landsperg. Ce dernier fut le père des abbesses Herrade, de Hohenbourg, et Édelinde, de Niedermünster. Leur frère Gonthier a été mentionné dans l'histoire de Truttenhausen comme ayant été, avec Herrade, co-fondateur de ce prieuré, auquel son fils, Conrad II, fit en 1191 une donation de 40 marcs d'argent. Ce fut ce même Conrad, auquel l'abbesse Édelinde, en vertu d'un acte de l'an 1200, qui existe encore aux archives du Bas-Rhin, céda „par voie d'échange, pour 50 marcs d'argent, le terrain appartenant à l'abbaye de Niedermünster, sur lequel s'élevait le château de Landsperg, que Conrad voulait reconstruire." Ainsi le château actuel fut commencé dans la première année du treizième siècle; mais les termes mêmes de l'acte de cession prouvent qu'il existait déjà alors sur son emplacement un manoir, sans doute plus modeste, dont on croit voir les restes dans les pans de murs situés en avant de la façade à la tourelle, et que leur état plus ruineux que celui des autres parties permet d'attribuer à une construction plus ancienne [1].

---

[1] Le château de Landsperg a été souvent dessiné par les artistes alsaciens. Nous ne mentionnerons ici que les vues qui en sont données dans les *Vogesische Ruinen und Naturschönheiten*, d'Imlin (prise du nord-est), et dans la *Montagne de Sainte-Odile*, de Schir (prise du sud-ouest, côté de la montagne). M. Stuber, architecte à Strasbourg, est l'auteur d'une « restauration idéale » du château, reproduite dans l'*Alsace noble*, de Lehr, en tête de l'article *Landsperg* (tom. II, p. 294).

[1] Une autre tradition qui figure dans la *chronique de Senones*, de Richer, attribue la construction du Landsperg, sous le nom de « *Landeswarte*, près d'Andlau », à Albin Wœlfel, landvogt de l'empereur Frédéric II, en 1236, qui a fait bâtir en même temps les châteaux de Kaysersberg et de Kronenbourg, près de Marienheim. Mais ce Landeswarte paraît avoir été construit sur la montagne située en effet près d'Andlau et qui, désignée sous le nom significatif de *Kastellberg*, présente encore de faibles traces d'anciens murs.

Nous n'entrerons pas dans le détail de la généalogie des Landsperg, pendant les sept siècles de leur existence ; nous devons nous borner à citer les membres les plus notables de la famille et à résumer les faits principaux de son histoire. La maison se subdivisa de bonne heure en un certain nombre de branches et de rameaux, dont la plupart s'éteignirent déjà dans le cours du quatorzième siècle. Les seigneurs de Landsperg, investis de nombreux fiefs par les empereurs et les princes auxquels ils avaient rendu de signalés services, occupèrent un rang distingué parmi la noblesse de la Basse-Alsace, et portèrent dans la suite le titre de barons. Un sire de Landesberg fut au nombre des quarante à cinquante chevaliers alsaciens qui tombèrent dans la bataille de Sempach (9 juillet 1386). En 1413, le château passa momentanément, mais avec la faculté de rachat, aux mains du comte palatin Louis ; en effet, il ne tarda pas à rentrer dans la possession de ses anciens maîtres, dont les descendants le conservèrent jusqu'à la Révolution. A cette dernière époque, la famille jouissait encore des fiefs épiscopaux de Niedernai (ville), Meistratzheim, Flexbourg, Düttlenheim (un tiers), du fief lorrain de Zellwiller, du fief royal, autrefois impérial, de Lingolsheim, etc. Elle possédait, en outre, à titre allodial, le village et le château de Niedernai, les châteaux de Landsperg et de Zellwiller, la cense de Truttenhausen, etc.

Voici quelques-uns des membres les plus éminents de la famille :

Gonthier, mort le 6 mars 1581, président du Directoire de la noblesse de la Basse-Alsace. — Wolfgang-Sigismond, grand-veneur du comte palatin de Birkenfeld. — Henri, vidame de l'évêché de Strasbourg, mort en 1471. — Frédéric, bailli (*Vogt*) à Rhinau, mort en 1501. — Georges, préfet à Rouffach,

mort en 1463. — Jacques, préfet d'Ortenberg, en 1502. — Jean-Sigismond, capitaine (1676—1738). — Jacques, chambellan de l'archiduc Léopold d'Autriche. — Samson-Ferdinand, né en 1699, capitaine au régiment d'Alsace. — Siegfried-Jean-Samson, né en 1729, colonel, chevalier de Saint-Louis, inspecteur général des redoutes et postes du Rhin, mort célibataire, en 1793, au château de Niedernai. — Charles-Frédéric-Henri, né en 1732, capitaine au régiment d'Alsace, commandeur de l'ordre Teutonique. — François-Marie, né en 1739, chevalier de l'ordre de Saint-Jean de Jérusalem (ordre de Malte), lieutenant-colonel d'infanterie, mort le 15 juin 1820. — Son fils, Alexandre-Louis, né le 27 septembre 1780, a été le dernier baron de Landsperg : il est mort célibataire, le 28 mars 1837, au château de Niedernai, et avec lui s'est éteinte, il y a cinquante ans à peine, la descendance masculine, en ligne directe, de Conrad Ier. Sa sœur cadette, Marie-Constantine, mariée à un baron de Speth, est morte le 18 juin 1842, dernière représentante de son antique maison, dont nous ajoutons ici les armoiries.

Landsperg porte de sinople à une montagne à six coupeaux d'or, coupé d'argent plein ; l'écu est timbré d'un casque de tournoi avec lambrequins sinople et argent, et ayant pour cimier un demi-corps de femme sans bras, couronné d'or et vêtu aux couleurs de l'écu [1].

---

[1] Cette description en termes héraldiques veut dire « en langage un peu plus humain » : L'écu est divisé horizontalement en deux parties ou champs ; celui d'en bas est d'argent uni, celui d'en haut est vert (sinople) et porte six sommets (coupeaux) de montagne d'or, disposés de bas en haut, trois, deux et un. L'écu est surmonté (timbré) d'un casque, sur lequel s'élève une femme à mi-corps sans bras, dont le vêtement est mi-partie vert, mi-partie argent, et qui porte une couronne d'or sur la tête.

Le château de Landsperg, probablement tombé en ruines à la suite de la guerre de Trente Ans, a été vendu au commencement de notre siècle, ainsi que Truttenhausen, à la famille de Türckheim. Depuis une vingtaine d'années, son propriétaire actuel, M. le baron Rodolphe de Türckheim, de concert avec la *Société pour la conservation des monuments historiques de l'Alsace*, a fait exécuter sous la direction de M. Ringeisen, le savant architecte de Sélestat, d'importants travaux de consolidation et de réparation, grâce auxquels le vieux manoir qui fut le berceau de la plus illustre des abbesses de Hohenbourg, se trouve assuré pour de longues années contre les injures du temps. La visite du Landsperg est ainsi recommandable à double titre : d'abord par la sécurité et la facilité avec lesquelles on peut explorer les diverses parties de la ruine, et ensuite par le splendide panorama dont on jouit du haut de ce poste avancé des Vosges, et qui s'étend depuis le Jura, au sud, jusqu'aux dernières montagnes de l'extrémité septentrionale de notre beau pays d'Alsace [1].

[1] La maison forestière de Landsperg, située au nord-ouest du château, a été construite avec les pierres provenant de la démolition d'une partie de l'enceinte extérieure, sur l'emplacement de l'ancien jardin, où, du temps de Silbermann, on a trouvé plusieurs pointes de flèches en fer. Une autre maison forestière se trouve au sud-est du château, près du Menkalb ; près de là s'élèvent deux des points de vue les plus remarquables des environs de Sainte-Odile, un pavillon-abri, ou belvédère, et la butte appelée Migneret, en souvenir du préfet qui fut le promoteur de la grande description du Bas-Rhin.

XXVIII

LE CHATEAU D'ANDLAU

Comme le Landsperg, le château d'Andlau est l'une des plus connues et des mieux conservées parmi les ruines féodales de l'Alsace. Situé à une petite lieue au sud-ouest de Barr et à deux kilomètres au nord d'Andlau, il occupe l'extrémité orientale de la chaîne de montagnes qui sépare les deux vallées de la Kirneck et de l'Andlau, dont il commande ainsi l'entrée. L'étroitesse de la crête sur laquelle il est construit lui a fait donner une forme assez inusitée : c'est un heptagone irrégulier, allongé du sud au nord, et dont les deux bouts rétrécis sont flanqués de deux donjons cylindriques, aplatis à leur face interne. Le château, construit tout en granit de moyen appareil, était entouré d'un chemin de ronde protégé par un mur ; la façade occidentale domine un précipice à pic ; la façade orientale, formant un angle saillant, est précédée d'une avant-cour également entourée d'un mur dont les angles sont garnis de deux tours rondes ; l'entrée se trouve sur la face méridionale de cette cour, d'où l'on monte le long de la façade orientale dans l'intérieur du château. Jusqu'aux premières années de notre siècle, le corps de logis et les deux donjons avaient conservé leur toiture et l'intérieur était encore quelque peu habitable. Le rez-de-chaussée, éclairé seulement par quelques meurtrières, a servi pour la défense et pour l'approvisionnement; des deux étages, percés de fenêtres en partie carrées, en partie ogivales, le premier était affecté à la garnison et au personnel du château, tandis que le second, où, il y a 80 ans, on voyait encore plusieurs chambres lambrissées, formait l'habitation seigneuriale. Au-dessus de cet étage, régnait à la base du toit un chemin de ronde dont Silbermann a évalué le développement à 138 pas[1], tandis que la distance en ligne droite entre les deux donjons était de 114 pieds de Strasbourg (environ 40 mètres). De ce chemin de ronde, une échelle conduisait à l'étage supérieur de la tour du sud, qui n'avait pas d'autre entrée et a dû servir de prison. Silbermann trouva encore dans cet étage un treuil au moyen duquel un homme de bonne volonté se fit descendre à travers les ouvertures circulaires pratiquées au milieu des planchers des divers étages, jusque sur le sol de l'étage inférieur, d'où il rapporta une assiette d'étain, provenant sans doute de l'un des habitants de Barr, qui, pendant la guerre de Trente Ans, se réfugièrent dans le château.

Le château d'Andlau a été, comme celui de Landsperg, le berceau de l'une des plus anciennes et des plus illustres familles de l'Alsace. Une tradition, d'ailleurs purement fantaisiste, attribue à cette famille une origine commune avec les

[1] Le pas évalué à deux pieds de Strasbourg, soit, au total, environ 90 mètres.

Dandolo de Venise, d'où elle serait venue, du temps des Romains, en Alsace, où elle aurait, au neuvième siècle, fondé le château. L'illustration des Andlau fut reconnue déjà en 1274 par lettres patentes de Rodolphe de Habsbourg, investissant les trois frères Henri, Rodolphe et Evrard, *milites ab Andelahe*, à titre de fief impérial, du château d'Andlau, confisqué sur ses possesseurs antérieurs après la chute des Hohenstaufen. C'est avec l'aîné des trois frères, Henri, que commence la généalogie suivie de la famille, mentionnée d'ailleurs dès le dixième siècle. Lorsque l'empereur Charles IV établit, en 1347, la division des seigneuries et des villes de l'empire en séries hiérarchiques de quatre personnages (4 ducs, 4 margraves, 4 comtes, etc.), le sire d'Andlau devint le premier des quatre chevaliers, et depuis lors jusqu'à la Révolution, l'aîné de la maison porta le titre de chevalier héréditaire du Saint-Empire. De 999 à 1787, l'église abbatiale d'Andlau servit de sépulture aux membres de la famille[1], qui se divisa de bonne heure en plusieurs lignes ou branches. Au milieu du dix-huitième siècle, il y avait deux lignes principales, dont l'aînée, *Andlau-Kingersheim*, s'éteignit peu avant la Révolution. La ligne cadette était partagée en deux branches, subdivisées en cinq rameaux. A la branche aînée, *Andlau*, appartenaient les rameaux: *Andlau-Birseck*[2], le seul encore subsistant aujourd'hui dans le grand-duché de Bade; *Andlau-Andlau*, disparu depuis 1770, et *Andlau-Wittenheim*, éteint dans les mâles

[1] Andlau porte d'or à une croix de gueules (rouge), l'écu timbré d'un casque de tournoi orné de lambrequins d'argent, et ayant pour cimier un buste de roi sans bras, vêtu d'hermine. L'écu a pour supports, à dextre (à gauche) un lion rampant (debout) et une palme; à senestre (à droite) un lion couché et un olivier.

[2] Le château de Birseck était situé près de Bâle.

Château d'Andlau

Pl. XVII.

depuis 1837. La branche cadette ou de *Hombourg*, comprenait les deux rameaux de *Hombourg* et de *Petit-Landau* ou de *Paris*, encore subsistants de nos jours[1]. La maison d'Andlau a fourni un grand nombre d'hommes éminents à l'église, à l'État, à la science et à l'armée, tant en France qu'en Allemagne et en Autriche; nous nous bornerons à mentionner ici les plus notables d'entre eux.

Gonthier, abbé de Saint-Blaise, en 1141. — Hazica, abbesse d'Andlau, en 1159. — Élisabeth, abbesse de Saint-Étienne à Strasbourg, en 1334. — Catherine, abbesse d'Andlau, en 1342. — Sophie, abbesse d'Andlau, en 1444. — Mathieu, prince-abbé de Murbach, en 1448. — George, grand-prévôt de la cathédrale de Bâle, docteur en droit canon, premier recteur de l'université de Bâle, en 1460, mort en 1466. — Henri, grand-écolâtre de Bâle, en 1464. — Pierre, prévôt à Lautenbach, vice-chancelier de l'université de Bâle, en 1471. Véronique, abbesse de Sainte-Odile, en 1508, morte le 15 avril 1524. — Adélaïde, abbesse de Saint-Étienne, en 1539. — George, commandeur de l'ordre Teutonique à Buchheim, en 1539. — Arbogaste, commandeur de Saint-Jean à Feldkirch, en 1592, puis grand-maître de l'ordre en Allemagne et prince d'Empire, en 1607. — Jean-Louis (en religion *frère Colomban*) prince-abbé de Murbach, en 1662. — Marie-Anne, abbesse de Massevaux, en 1697. — Philippe-Henri, commandeur de

l'ordre Teutonique à Ratisbonne, en 1697. — Marie-Sophie princesse-abbesse d'Andlau, en 1708. — George-Frédéric, président de la régence d'Ensisheim, mort en 1675. — Marie-Rodolphe, créé baron d'Empire le 16 mars 1676, avec ses frères Ernest-Frédéric et Wolfgang-Louis. — Jean-Baptiste, commandeur de l'ordre Teutonique, major autrichien, mort en 1803. — Philippe, né en 1774, commandeur de Malte, officier au régiment suisse de Reinach, mort en 1814. — Conrad-Charles-Frédéric, né en 1776, ministre d'État de Bade, ambassadeur à Paris en 1810, mort en 1839. — Joseph-Louis, chanoine de Haslach, mort en 1760 ou 1770, dernier rejeton mâle du rameau d'Andlau-Andlau. — Louis, chanoine de Lure, mort en 1804. — Célestin, officier au régiment d'Anjou, mort en 1790. — Xavier, officier au régiment de La Marck, mort à Gratz. — Ignace, chanoine de Guebwiller, assassiné en 1800. — George-Conrad-Joseph, officier au régiment alsacien de Deux-Ponts, prit part aux premières campagnes de la Révolution et mourut en 1837, dernier descendant mâle du rameau d'Andlau-Wittenheim; ses deux fils étaient tombés sur les champs de bataille, l'un en 1812, l'autre en 1833. — François-Antoine-Maximilien, lieutenant-général, député à l'Assemblée constituante. — Benoît-Frédéric-Antoine, né en 1763, prince-abbé de Murbach et Lure en 1786, député à l'Assemblée provinciale d'Alsace et à l'Assemblée nationale pour le district de Sélestat, en 1789, mort en 1839 à Eichstædt. — Hubert-Joseph, né en 1774, chambellan autrichien, créé comte par l'empereur François II, en 1814. — Antoine, lieutenant-colonel de cavalerie, conseiller doyen au Directoire de la noblesse de la Basse-Alsace. — François-Antoine, né en 1703, brigadier des armées du Roi, exempt de ses gardes-du-corps, investi en 1739 de

---

[1] La famille de Berckheim forme une septième branche de celle d'Andlau. L'origine commune des deux maisons a été reconnue dès le quinzième siècle; elle ressort d'ailleurs du fait que les Berckheim portent, comme les d'Andlau, d'or à une croix de gueules; mais ils ont pour cimier un coussin de gueules à glands d'or, surmonté d'une cane (ou cygne?) d'or, lambrequins de gueules et d'or. La maison de Berckheim tire son nom du village de Mittelbergheim, près Barr.

la préfecture (*Reichsvogtei*) de Kaysersberg, stettmeister de Strasbourg en 1730, mort sans descendance en 1787, à Colmar. — Armand-Gaston-Félix, né en 1707, aumônier du Roi, doyen de l'église de Toul, mort en 1785. — François-Étienne, né en 1710, lieutenant-général des armées du Roi, créé comte en 1750, chef de la branche comtale des Andlau de Paris, prit part à la guerre de Sept Ans et mourut en 1763. — Louis, officier au régiment de Royal-Couronne, tué en 1760 sur le champ de bataille. — François-Antoine, colonel du régiment de Royal-Lorraine, ambassadeur à Bruxelles, lieutenant-général honoraire des armées du Roi, mort en 1820 ou 1822. — Hardouin-Gustave, né en 1787, écuyer de l'impératrice Joséphine, lieutenant aux gardes-du-corps de Charles X, maréchal-de-camp et député, mort en 1850. — Armand-Gaston-Félix, né en 1779, engagé volontaire en 1799, officier d'ordonnance et chambellan de Napoléon Ier, premier écuyer de Joséphine, commandant d'un escadron de gardes d'honneur, nommé officier de la Légion d'honneur sur le champ de bataille de Reims en 1814, colonel de cuirassiers, maréchal-de-camp et pair de France, mort le 15 juillet 1861. — Son fils, Joseph-Hardouin-Gustave, comte d'Andlau, est aujourd'hui le chef de la maison alsacienne; ancien officier d'ordonnance de Napoléon III et attaché militaire à Vienne, colonel d'état-major pendant la guerre de 1870, actuellement général de division. Il a son domicile au château de Verderonne (Oise) et il est le propriétaire de l'antique manoir de ses illustres ancêtres.

Les possessions de la maison d'Andlau, avant la Révolution, comprenaient dans la Haute-Alsace : Kingersheim et Wittenheim (du bailliage de Thann), Obersaasheim (d'Ensisheim), Zimmersheim, Eschentzwiller, Hombourg, Petit-Landau et Niffern (seigneurie de Landser); dans la Basse-Alsace : Andlau (c'est-à-dire, la ville et le petit château qui y existait, le château de Hoh-Andlau et celui de Spesbourg), Reichsfeld, Bernhardswiller[1], Diebolsheim, Saint-Blaise; parties de Dattlenheim, Walf, Mittelbergheim, Itterswiller, Stotzheim, Blienschwiller, Zell et Nothalten; enfin, Birseck, près de Bâle.

L'histoire du château d'Andlau présente quelques faits remarquables. En 1216, il fut détruit, pour une cause inconnue, par l'évêque de Strasbourg, Henri de Veringen; à peine reconstruit, il fut de nouveau pris, en 1246, par l'évêque Henri de Stahleck[2] qui guerroyait alors contre les adhérents de Frédéric II de Hohenstaufen. C'est à la reconstruction qui eut lieu dans la seconde moitié du treizième siècle qu'appartient le château actuel[3]. Depuis lors il fut toujours maintenu en bon état. La date de 1528 qui se lit au-dessus de la porte de l'enceinte extérieure indique que cette partie a été restaurée à cette époque. Le bâtiment qui, sur notre planche XVII, se voit en avant de l'entrée supérieure du château, portait la date de 1589. Pendant la guerre de Trente Ans, le château fut occupé, en 1633, par une garnison suédoise. En 1678, les sires d'Andlau obtinrent de la ville de Strasbourg un caporal

---

[1] Situé près d'Andlau et appelé Bernhardswiller *im Loch*, qu'il ne faut pas confondre avec Bernhardswiller (Betschwiller), situé à un kilomètre d'Obernai.

[2] Ce n'est peut-être pas le château de Hoh-Andlau, mais le petit château existant dans la ville même, qui fut pris par Henri de Stahleck.

[3] Plusieurs sires d'Andlau périrent avec l'évêque Gauthier de Géroldseck dans sa guerre contre Strasbourg, en 1262. Deux, ou selon d'autres, cinq Andlau tombèrent en 1386 à la bataille de Sempach.

et *six* hommes, pour renforcer la petite garnison de leur manoir. Celui-ci resta habitable jusqu'au commencement de ce siècle; ce ne fut qu'en 1806 que le propriétaire d'alors en fit enlever les toitures et toute la charpente intérieure. C'est donc une ruine moderne que représente aujourd'hui le château d'Andlau, mais elle est toujours entretenue en bonne conservation, grâce à son propriétaire actuel [1].

[1] En 1695, le 20 ou 21 octobre, le garde-forestier du château tua dans la forêt contiguë le dernier ours qu'on ait vu dans les Basses-Vosges.

XXIX

LE CHATEAU DE SPESBOURG

Le château de Spesbourg, situé à deux kilomètres à l'ouest du château d'Andlau, occupe la crête d'une colossale masse granitique, formant le promontoire méridional du *Rothmannsberg* qui domine la ville et la vallée d'Andlau [1]. De cette ville on y monte en une heure par l'ancienne route d'accès, aujourd'hui appelée *Helmansgasse* et qui a encore environ deux mètres de largeur. Mais les visiteurs y vont de préférence par le chemin de la vallée de Barr, de cinq quarts d'heure de marche, qui, passant à proximité du château d'Andlau, leur permet de pousser en même temps jusqu'à cette ruine, et les conduit ensuite à la maison forestière de *Hungerplatz*, située à dix minutes de Spesbourg, et où il faut demander la clef de ce dernier, dont l'entrée, située à l'orient, a été, depuis nombre d'années, munie d'une porte. Suivant les contours du plateau sur lequel il est assis, le château présente la forme d'un octogone irrégulier, allongé du nord-ouest au sud-est; ses dimensions sont modestes, mais sa construction, toute en blocs de granit à bossages, lui donne un air tout à fait monumental, et son site hardi au-dessus des profonds fossés qui l'isolent de la montagne au nord, à l'est et au midi, et de l'effrayant précipice qu'il surplombe à l'ouest, est d'un aspect véritablement saisissant. C'est à l'angle nord-ouest, point le plus haut du rocher, que s'élève l'imposant donjon carré qui a encore environ vingt-quatre mètres de hauteur et dont les murs, de plus de cinq mètres de côté, ont deux mètres d'épaisseur, de sorte que, dans œuvre, il n'a que trois mètres de côté. La porte se trouve à la partie supérieure et n'était accessible que par les combles de l'habitation seigneuriale. Celle-ci, occupant les côtés nord-est et est de l'enceinte, se distingue par les deux

[1] L'altitude de Spesbourg est de 460 mètres; celle de Hoh-Andlau de 451 mètres.

13

belles rangées de fenêtres ogivales géminées, figurées sur notre planche XVIII, prise du nord-est [1] ; au premier étage, il existe encore une cheminée à demi recouverte de lierre. Le reste de l'enclos comprenait une petite cour et quelques bâtiments de service, parmi lesquels la cuisine est reconnaissable par sa cheminée et sa pierre d'évier.

Le château de Spesbourg n'est pas, comme ses voisins, le Landsperg, l'Andlau, et d'autres de nos châteaux vosgiens, le berceau d'une maison noble, originaire de l'Alsace, dont il aurait pris le nom. Il n'existait à sa place aucun manoir antérieur à la première moitié du treizième siècle. Il doit son origine à une famille rhénane, immigrée dans notre pays à la suite de l'élection, en 1244, du chanoine Henri de Dicka au siège épiscopal de Strasbourg, qu'il occupa jusqu'en 1260 sous le nom de Henri de Stahleck [2]. Celui-ci appela en Alsace son frère, Alexandre de Dicka, qu'il nomma d'abord bourggrave de l'évêché ; puis, en 1246, après avoir, comme nous l'avons vu précédemment, pris et détruit le château d'Andlau, il investit son frère de l'advocatie de l'abbaye du même nom. Ce fut, selon toute apparence, pour pouvoir exercer le plus efficacement son rôle de protecteur du monastère, qu'Alexandre de Dicka construisit, entre 1247 et 1250, sur le sommet domi-

nant du Rothmannsberg, le château qui reçut le nom de Spesbourg [1], que les seigneurs de Dicka ajoutèrent au quatorzième siècle à leur nom d'origine, en y accolant le titre de baron (fryge, c'est-à-dire Freiherr, liber Baro) qui, alors, n'était pas encore porté par la noblesse alsacienne.

La maison des sires de Spesbourg ne fleurit pas longtemps ; elle s'éteignit déjà dans la descendance mâle, à la troisième génération, en la personne de Gauthier (Walter) de Dicka, deuxième arrière-petit-fils d'Alexandre, le fondateur du château. Gauthier fut l'homme le plus notable de sa race : en 1371, il devint sous-avoyer (Unterlandvogt) d'Alsace, de 1377 à 1379 et en 1385 il fut avoyer (Landvogt) du Brisgau, et de 1382 à 1385 juge provincial (Landrichter) dans la Basse-Alsace. Il périt dans les rangs de la chevalerie alsacienne, à la bataille de Sempach (9 juillet 1386), ne laissant de sa femme, Suzanne de Géroldseck, qu'une fille, Elsa, qui, mariée à Maximin de Ribeaupierre (Schmassmann von Rappolstein), mourut en 1419, dernière représentante de la maison de Dicka [2].

---

[1] Le parement des fenêtres et leurs colonnettes médianes, ainsi que les sièges pratiqués dans les embrasures, sont seuls taillés en grès rouge.
[2] Le nom de Dicka (von der Dicke) est mentionné pour la première fois dans un acte de 1184, par lequel l'archevêque Philippe de Cologne investit le comte palatin du Rhin, Conrad, du château de Stahleck, près Bacharach ; parmi les témoins figurent Henri et Alexandre de Dicka, père et frère de l'évêque de Strasbourg, et qui, plus tard, reçurent à leur tour de Conrad, à titre de fief, ledit château, dont le nom fut dans la suite substitué au nom patronymique de l'évêque.

[1] M. Édouard Hering, le zélé président d'honneur du club vosgien, fait dériver ce nom du verbe spachen (épier, surveiller) ; il cite à l'appui les formes primitives Spehtesberg (1324), Spehesburg (1372), Spechsburg (1382). Notre savant concitoyen, M. P. Ristelhuber, se basant sur ce que le mot vieux haut-allemand Speht répond au moderne Specht (pic, oiseau très fréquent dans les Vosges), assimile le Spesburg (château du pic) aux autres châteaux qui portent des noms d'oiseaux, tels que Falkenstein (roche du faucon), Giersberg (pour Geiersberg, mont du vautour), Rammstein (pour Rabenstein, roche du corbeau), etc. N'ayant pas l'honneur d'appartenir à l'érudite congrégation des linguistes, nous nous garderons de discuter cette question de philologie transcendante.
[2] Les Dicka portaient d'or à six lys de gueules (rouges), posés, en haut en bas, trois, deux et un. L'écu est timbré d'un casque de tournoi orné de lambrequins de gueules et d'or et ayant pour cimier un lys de gueules.

Pl. XVIII.

Château de épesbourg

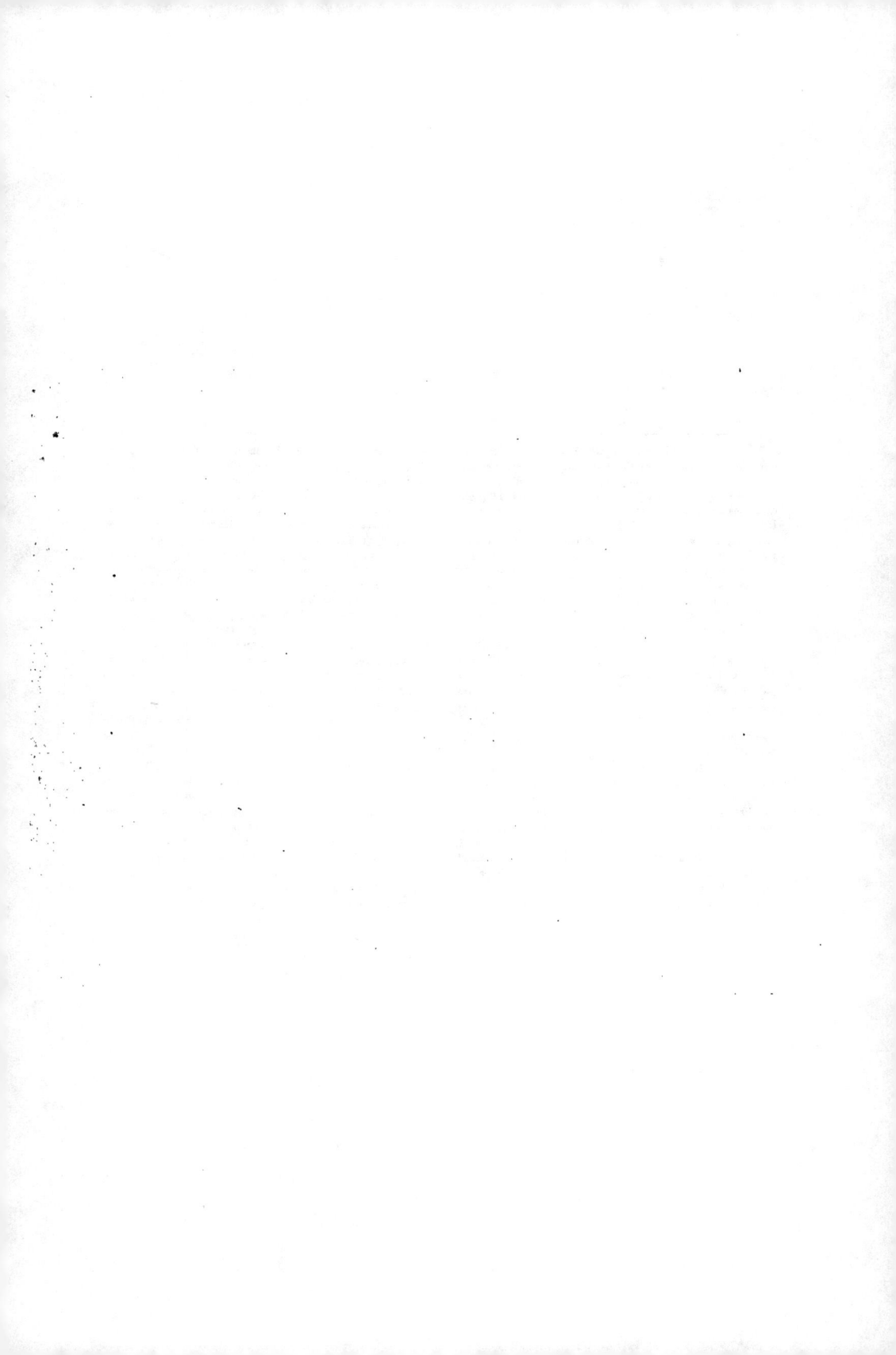

Trois ans avant sa mort à Sempach, Gauthier de Dicka, peut-être parce qu'il n'avait pas d'héritier mâle, avait fait la cession du Spesbourg et des forêts adjacentes à la maison d'Andlau qui en conserva la possession jusqu'après la Révolution. L'histoire du château pendant ces cinq derniers siècles ne présente que les quelques faits suivants : En 1431, le Jeudi-Saint, Spesbourg fut pris par le duc Étienne de Bavière, frère du comte palatin Louis, au nom duquel il remplissait les fonctions de sous-avoyer de l'Alsace. Mais les Andlau, aidés par 2000 hommes, ne tardèrent pas à s'en emparer de nouveau; en 1444, il appartenait à Lazare d'Andlau, bailli d'Ebersmünster. Pendant la guerre de Trente Ans, où, comme nous l'avons vu, le château de Hoh-Andlau fut occupé par les Suédois, Spesbourg était probablement déjà inhabité; en 1700, la moitié du château et des forêts fut cédée à l'évêque de Strasbourg, Guillaume Égon de Fürstenberg. Vers le milieu du dix-huitième siècle, le Spesbourg était déjà à l'état de ruine, ainsi que le prouve la gravure de Silbermann. Ce fut, croyons-nous, vers 1830, que le Spesbourg fut vendu par les d'Andlau au baron Hallez, dont les descendants en sont encore aujourd'hui propriétaires.

La famille de Hallez, originaire des Flandres, vint s'établir en Alsace au milieu du siècle dernier; un Hallez était, en 1789, receveur et tabellion (notaire) à Haguenau. Son second fils, Philippe, né le 1er mai 1778, entra, au début des guerres de la République, dans l'armée; il servit successivement au 13e dragons et au 4e hussards et fit, en qualité d'officier, la campagne de Suisse (1798-1799) et celles de 1806 à 1809. Il prit sa retraite en 1810 et fut créé, en 1814, par Napoléon, baron de l'Empire. Agriculteur distingué, il s'appliqua surtout à propager la culture de la garance; il fut député de Sélestat,

commandeur de la Légion d'honneur et mourut à Andlau le 19 novembre 1844. Il avait épousé, en 1811, la fille du comte de Claparède, lieutenant-général, pair de France, gouverneur du château de Strasbourg, grand-croix de la Légion d'honneur et de Saint-Louis. Celui-ci n'ayant pas d'héritiers mâles, son titre de comte fut accordé par ordonnance du roi Louis-Philippe, en 1843, aux deux petits-fils du baron Hallez, autorisés à ajouter à leur nom patronymique celui de leur grand-père maternel; c'est l'un des comtes de Hallez-Claparède qui est aujourd'hui le propriétaire du château de Spesbourg.

Cette ruine, autrefois à demi cachée dans son épaisse forêt et par cela même difficile à visiter, passait encore, il y a un demi-siècle, pour être hantée par des revenants, et les habitants des environs ne s'y hasardaient pas, une fois la nuit venue. Cette croyance a été alimentée encore en notre siècle par un fait qui n'a rien de surnaturel et qu'Imlin nous a transmis dans ses *Vogesische Ruinen* : Une pauvre femme de Barr, qui s'était rendue dans la forêt de Spesbourg pour y cueillir des simples, fut surprise par un orage et par la nuit; elle résolut de passer la nuit dans le château. A peine installée sur un lit d'herbes et de mousse qu'elle s'était dressé dans un coin, elle entendit des pas et des voix d'hommes; c'étaient deux maraudeurs qui venaient voler du bois. Pour se débarrasser de ces hôtes inattendus, elle résolut de mettre à profit la réputation de terreur qu'inspirait le site sauvage de la ruine; elle se couvrit la tête de sa robe et, les cheveux flottant au vent, elle se dressa tout à coup en poussant plusieurs mugissements d'un ton caverneux. Les deux rôdeurs, épouvantés, dégringolèrent plus morts que vifs à travers les rochers et les taillis, et le spectre improvisé put dormir en paix le reste de la nuit. Le lendemain, quand elle apporta sa récolte de simples au pharmacien, celui-ci lui raconta l'apparition nocturne, dont elle eut la force de *garder le secret* jusque vers la fin de ses jours — c'est positif !

En 1844, il y avait dans l'embrasure de l'une des grandes fenêtres une harpe éolienne, dont les sons magiques enchantaient de leur mystérieuse mélodie les visiteurs ; nous ne savons si ce poétique instrument, cher aux âmes sensibles, existe encore aujourd'hui dans cette ruine si bien faite pour les rêveurs romanesques, amis du clair de lune et des esprits — qu'on ne voit pas !

XXX

LES CHATEAUX D'OTTROTT.

Du midi du mont Sainte-Odile, nous nous portons à sa partie septentrionale, le *Homburgerberg*[1], dont la crête extrême, appelée *Elsberg*, domine le site pittoresque occupé par les deux châteaux voisins de Lützelbourg et de Rathsamhausen, communément désignés sous le nom collectif de châteaux d'Ottrott, parce que c'est par ce village que l'on s'y rend le plus facilement. Ces deux ruines s'élèvent, à 500 mètres d'altitude, sur une avancée de la montagne au-dessus de la rive droite de l'Ehn, entre Ottrott et Klingenthal. Situés tous les deux sur des rocs abrupts que sépare seulement une profonde tranchée, ils ne sont distants, l'un de l'autre, que d'une portée de flèche, et paraissent n'avoir formé qu'une seule et même forteresse, bien que leurs dispositions défensives semblent indiquer, de prime abord, qu'ils ont été établis l'un contre

l'autre, puisque leurs donjons se font face ; cependant cette circonstance peut s'expliquer par le fait que les deux châteaux ont été construits à des époques différentes. Quoi qu'il en soit, ils ont primitivement appartenu à la même famille, car ils ont de tout temps porté le nom de Lützelbourg, et, pour les distinguer l'un de l'autre, on appelait celui situé vers Ottrott le château antérieur (*die Vorderburg*) et celui du côté de Klingenthal, le château postérieur (*das hintere Schloss*) ; c'est ce dernier qui, dans la suite, prit le nom de Rathsamhausen[1].

Le plus ancien des deux châteaux est, sans contredit, celui

___

[1] Ou, plus exactement, *Hohenburgerberg*.

[1] Il y a, dans plusieurs auteurs, une confusion au sujet de celui des deux châteaux auquel revient le nom de Rathsamhausen. Le plan du mont Sainte-Odile par Thomassin-Schweighæuser, donne encore ce nom au château antérieur. D'un autre côté, Silbermann et, après lui, Imlin et Strobel décrivent le donjon rond du Rathsamhausen comme étant celui du Lützelbourg.

Pl. XIX.

Châteaux d'Ottrott

de Lützelbourg, à la fois le plus petit et le plus simple d'apparence; il ressemble plutôt à une caserne abandonnée qu'à un manoir féodal, car, sauf une corniche en arcature romane qui règne encore le long d'une partie du mur d'enceinte, on n'y voit aucune trace d'ornementation. Le château, situé au nord-est du Rathsamhausen, forme un carré irrégulier, dont la face sud-ouest, tournée vers ce dernier, est coupée par la saillie semi-circulaire d'une grosse tour ronde, faisant d'autre part une saillie semblable du côté de la cour. Ce donjon, d'une extrême épaisseur de mur et encore conservé à une assez grande hauteur, est construit en gros blocs à bossages et paraît remonter au douzième siècle. Le corps de logis principal occupait la face méridionale de l'enceinte, dont l'entrée se trouve à l'angle sud-est, et qui était protégée par un chemin couvert faisant le tour de tout le château et contourné lui-même par le fossé creusé à pic dans le rocher.

Le château de Rathsamhausen, le plus rapproché de la montagne de l'Elsberg, est établi dans les mêmes conditions défensives que son voisin: profond fossé, chemin de ronde entourant l'enceinte même du château. Celui-ci forme également un carré irrégulier, dont l'angle nord-est est occupé par un donjon rond d'un aspect vraiment formidable: construit tout entier en blocs à bossages, il s'élève encore à plus de 30 mètres de hauteur; son diamètre est de près de 12 mètres, l'épaisseur de ses murs de plus de 4 mètres, de sorte que, dans œuvre, il n'a guère plus de 3 mètres de diamètre. C'était une prison, ainsi que le prouve le fait raconté à Silbermann, en 1733, par le fermier de l'endroit: des mineurs descendus au fond de l'oubliette y avaient trouvé les restes d'un squelette humain encore chargés d'une grosse chaîne de fer, ainsi qu'un grand éperon, qu'ils rapportèrent et que Silbermann acheta du

fermier. Sur la face méridionale du château s'élève le corps de logis principal qui est un des plus beaux restes de l'architecture civile du moyen âge en Alsace. Il a la forme d'un gros donjon carré de 12 mètres de façade et de 7 mètres et demi de largeur, et se distingue par une richesse d'ornementation comparable à celle du château de Guirbaden. Les nombreuses fenêtres dont il est percé sont, les unes, en plein cintre, les autres, ogivales; le plus remarquable morceau de sculpture est une élégante cheminée, encore suspendue au mur à la hauteur du douzième étage et garnie de cinq colonnettes romanes à chapiteaux cubiques ornementés. A l'angle gauche de la façade se voit une immense lézarde produite par l'action des racines des arbres qui avaient poussé au sommet du mur; elle a été consolidée de nos jours par les soins de la Société pour la conservation des monuments historiques de l'Alsace, qui a prévenu ainsi l'écroulement imminent d'une partie de ce majestueux édifice.

L'histoire de nos deux châteaux n'est connue qu'à partir du quatorzième siècle. On ne sait pas d'où leur est venu leur premier nom collectif de Lützelbourg, mais il paraît certain que la famille de ce nom ne doit pas être confondue avec celle qui possédait le château de Lützelbourg situé au-dessus de la vallée de la Zorn, à dix kilomètres en amont de Saverne. La famille des Lützelbourg d'Ottrott a fourni deux abbesses à Sainte-Odile: Élisabeth de Lützelbourg régnait en 1280, Claire de Lützelbourg de 1428 à 1453. Vers la fin du quatorzième siècle, le château antérieur se trouvait, comme fief impérial, entre les mains des sires d'Andlau, dont, en 1392, l'empereur Venceslas enjoignit à son neveu, le *landvogt* d'Alsace, de faire respecter les droits. Le château paraît avoir été déjà ruiné à cette époque et a sans doute été réparé quand

14

il passa dans la maison des Rathsamhausen. Le château posté-rieur appartenait au quatorzième siècle aux électeurs palatins, alors grands-baillis de l'Alsace. Ceux-ci l'engagèrent au commencement du quinzième siècle aux sires de Rathsamhausen, qui le cédèrent en 1424 aux Hohenstein; plus tard il passa aux Müllenheim qui le rétrocédèrent en 1557 aux Rathsamhausen, dans la possession desquels il est resté jusqu'à la Révolution.

La famille de Rathsamhausen[1], éteinte depuis près de soixante ans, a eu pour berceau le château, aujourd'hui disparu, situé près de l'Ill, à trois quarts de lieue de Sélestat, non loin des deux villages voisins d'Ober-Rathsamhausen et de Nieder-Rathsamhausen. Elle a été pendant cinq siècles l'une des plus considérables de l'Alsace, à laquelle elle a donné un grand nombre d'hommes distingués. Son origine remonte jusqu'au dixième siècle, où plusieurs de ses membres figurèrent dans les tournois; mais son histoire ne commence qu'au début du treizième siècle : en 1209 André de Rathsamhausen, époux d'Agnès de Staufenberg, assista au tournoi de Worms; plusieurs autres chevaliers sont mentionnés dans des actes authentiques de 1219 à 1251 et de 1267. Au siècle suivant, la famille formait cinq branches, portant les noms de Rathsamhausen *zum Stein* (de la Roche)[2], de Kunigesheim (Kiensheim),

---

[1] Rathsamhausen portait d'argent à la fasce de sinople (bande horizontale verte) et une bordure de gueules (rouge). L'écu, timbré d'un casque de tournoi à lambrequins d'argent, a pour cimier une tête de chien courant, colletée (à collier) d'or. Les Rathsamhausen *zum Stein* (de la Roche) portaient l'écu d'or et avaient pour cimier une tête de braque colletée de sable (noir).

[2] C'est-à-dire, le château situé au-dessus de Bellefosse, qui a donné son nom au Ban-de-la-Roche.

de Tryberg, de von der Dicke et d'Ehenvilre (Ehenweyer). La première et la dernière se sont seules perpétuées jusque dans les temps modernes; la branche de la Roche s'est éteinte par la mort des deux derniers descendants mâles, en 1701 et en 1720; la branche d'Ehenweyer a fleuri jusqu'au commencement de notre siècle; son dernier représentant a été le baron Jean-Baptiste Léopold, né en 1754, lieutenant-colonel, chevalier de Saint-Louis, mort à Strasbourg, le 15 novembre 1828.

Voici les membres les plus éminents de la famille : Philippe II, abbé de Pairis, évêque d'Eichstett en 1306, mort le 25 février 1322. — Didier, investi en 1383 du Ban de la Roche, tombé à la bataille de Sempach (1386). — Bernard, prévôt de Haslach. — Suzanne, abbesse de Niedermünster (1411—1424). — Anne, abbesse de Niedermünster (1424). — Ursule, administratrice de la même abbaye (1535—1541). — Léopold-Samson, né en 1699, général français, chevalier du Mérite militaire, puis conseiller des princes de Deux-Ponts et grand-maréchal de la cour de Hesse-Darmstadt. — Frédéric-Casimir, né à Strasbourg, le 17 janvier 1698, élu en 1737 coadjuteur et en 1753 prince-abbé de Murbach et de Lure, décédé à Guebwiller, le 1er janvier 1787. — Chrétien-Samson, né en 1727, capitaine au régiment d'Alsace, chevalier du Mérite militaire, mort en 1790. — Charles-Chrétien-Frédéric-Léopold, capitaine d'artillerie à Strasbourg, chevalier du Mérite militaire, mort en 1789. — Louis-Samson, conseiller intime de Hesse, président du gouvernement de Bouxwiller, mort en 1819. — Philippe-Chrétien, capitaine au régiment de Deux-Ponts, maréchal de camp, député de la noblesse de la Basse-Alsace à l'assemblée du district de Landau, en 1787, mort en 1820. — François-Joseph-Conrad, né en 1710, mort en 1782, capitaine au régiment des grenadiers de Nassau, mestre de camp, chevalier de Saint-Louis. — Jean-Casimir, mort en 1781, chevalier de Saint-Jean. — Joseph-Vincent, chanoine et grand chantre du chapitre noble de Murbach. — François-Antoine-Christian, lieutenant-colonel au régiment de Nassau, chevalier de Saint-Louis.

En 1773, la maison de Rathsamhausen obtint le droit de porter en France le titre de baron. Ses possessions, au milieu du dix-huitième siècle, étaient les suivantes : En Basse-Alsace, Bofzheim, fief mouvant de l'évêché de Bâle, Eschau, Wibolsheim, Fegersheim, Ohnenheim et Müttersholz, avec les hameaux d'Ehenweyer et de Nieder-Rathsamhausen, relevant du comté de Hanau; Kuenheim, fief de Wurtemberg-Montbéliard; moitié d'Ottrott-le-Bas, fief royal; dans la Haute-Alsace, Grusenheim, fief royal.

Aujourd'hui, les deux châteaux d'Ottrott n'ont plus un seul et même propriétaire. Le Lützelbourg, possédé en dernier lieu par feu M. Fux, héritier de M. Rohmer, d'Illkirch, appartient actuellement à M. Aloïse Schæffer, maire d'Obernai. Le Rathsamhausen est la propriété de Mme Scheidecker, de Lützelhouse, qui l'a acheté de ses derniers possesseurs, MM. Lauth et Grimmer, de Strasbourg.

La maison forestière située au pied du Rathsamhausen, entre le château et la montagne, offre un point de vue des plus pittoresques au visiteur des deux ruines; et, du petit pavillon rustique construit au-dessus d'elle, sur une saillie de l'Elsberg, le coup d'œil s'étend sur toute la partie de la vallée de l'Ehn comprise entre Klingenthal et Ottrott, et, au delà de ce dernier village, le regard découvre une partie de la plaine alsacienne.

XXXI
LE KŒPFEL

A vingt minutes de marche à l'ouest des châteaux d'Ottrott, une saillie inférieure du Homburgerberg vers le nord, dominant le village de Klingenthal et appelée *Kœpfel* (petite tête), présente les restes intéressants d'une antique fortification qui porte le même nom et qu'on considère généralement comme une œuvre des Romains. C'est une enceinte formant un rectangle très régulier de 39 mètres de longueur, du sud au nord et de 18 mètres de largeur, de l'est à l'ouest. Les murs ont deux mètres et demi d'épaisseur et encore un à deux mètres de hauteur. Ils sont construits, non pas en blocs grossièrement équarris, comme le mur païen, mais en moellons piqués pour les parements extérieur et intérieur, dont les intervalles sont remplis de brocaille et de terre. Le mur du nord est en partie renforcé du côté intérieur par un second mur, qui a dû servir de base à une tour de garde; celle-ci était placée de manière à pouvoir communiquer avec le poste fortifié qui s'élevait au sommet du Heidenkopf, de l'autre côté de la vallée de Klingenthal.

XXXII

LE CHATEAU DE WALDSBERG

Il nous reste à parler des vieux châteaux situés à l'ouest du mont Sainte-Odile et qui, pour être moins en vue que ceux du nord, de l'est et du midi, en sont d'autant plus dignes d'être visités par le touriste consciencieux[1].

A 1500 mètres au sud du Kœpfel, et à trois kilomètres au nord-ouest du couvent, à la pointe extrême nord de l'enceinte septentrionale du mur païen, s'élèvent, à 588 mètres d'altitude, les ruines imposantes du château de Waldsberg, communément appelé *Hagelschloss* (château de la grêle). Elles occupent deux tertres rocheux qui dominent à pic la vallée de l'Ehn, à l'ouest, et l'étroit et sombre vallon du Hagelthal, à l'est, et sont réunis à leur sommet par une arcade d'une jetée effrayante de hardiesse. Il ne reste des constructions qui paraissent avoir formé deux corps de logis, que des pans de murs et des monceaux de décombres dont l'escalade, à travers le profond ravin qui sépare le château de la montagne, n'est pas des plus faciles; quelques restes d'arcades en plein cintre permettent

d'en assigner la fondation au treizième siècle. Cependant l'histoire du Waldsberg n'est connue que depuis sa destruction qui eut lieu en 1406. A cette époque il appartenait par moitié aux Rathsamhausen et au chevalier Gauthier Erb. Celui-ci se trouvait en inimitié avec la ville de Strasbourg. Ceux d'Obernai, dans le but de mettre fin au différent, invitèrent les parties à venir s'entendre. Strasbourg y envoya les chevaliers Henri et Ludolphe de Müllenheim ainsi que Jean Sturm, trésorier (*Lohnherr*) de la ville. Mais Erb, au lieu d'aller au rendez-vous, se mit en embuscade et s'empara des trois députés qu'il enferma dans son château. Les Strasbourgeois vinrent assiéger Waldsberg, qui, au dire de Specklé, était la meilleure forteresse du pays et bien approvisionnée, si bien qu'elle aurait pu soutenir un siège de plus d'un an; mais Erb ayant réussi à s'échapper, la garnison capitula au bout de huit jours, et les vainqueurs, pour se venger du félon chevalier, incendièrent et rasèrent tout le château. En 1434, la moitié de la ruine et de ses dépendances fut donnée au chevalier Gaspard Beger, possesseur du château de Birkenfels; en 1442 elle passa aux Rathsamhausen, déjà possesseurs de l'autre moitié, auxquels elle resta jusqu'à la Révolution. Aujourd'hui Waldsberg appartient à M. Aloïse Schæffer, maire d'Obernai, propriétaire des châteaux de Lützelbourg et de Dreystein.

---

[1] Ces châteaux, que Silbermann n'a pas dessinés, ont été reproduits d'abord dans les vues des *Vogesische Ruinen*, d'Imlin: Birkenfels, Dreystein et Waldsberg (sous le nom erroné de Kagenfels); les mêmes, ainsi que le Kagenfels, se trouvent aussi dans l'*Album du mont Sainte-Odile*, de Schir; enfin Dreystein et Waldsberg figurent parmi les croquis pittoresques de l'Album de Touchemolin.

Le nom et le site même du Waldsberg sont restés longtemps comme oubliés. Specklé, qui nous a laissé le récit de sa destruction, ne l'a pas indiqué sur sa carte de l'Alsace, de 1576; il le croyait situé sur la montagne qui sépare les vallons de Niedermünster et de Saint-Nabor. Ichtersheim, dans sa *Topographie d'Alsace* (1710), le place au-dessus d'Ottrott. Silbermann, répétant cette dernière assertion, dit qu'il n'en reste plus trace; mais il le distingue du Hagelschloss, auquel il consacre trois lignes pour dire qu'il est situé à l'ouest de Sainte-Odile et complètement ruiné. Enfin, comme nous l'avons vu plus haut, Imlin a donné le nom de Kagenfels au Hagelschloss, qu'il distingue également du Waldsberg. C'est

Schweighæuser qui, le premier, a restitué au „château de la grêle" le nom historique de Waldsberg, souvent mentionné dans les anciens documents[1].

[1] Les actes d'un procès engagé en 1562 entre Jean-George et Conrad-Didier de Rathsamhausen, d'une part, et la commune d'Ottrott-le-Haut, d'autre part, au sujet du pâturage dans les forêts de l'Elsberg et du Waldsberg, mentionnent la « côte » de ce dernier château (*Halde bei Schloss Waldsperg*). Ce mot *Halde* s'est changé dans la prononciation patoise en *Haule*, d'où le dialecte alsacien a tiré *Haulthal* et *Haulschloss*, qui dans la langue écrite sont devenus tout naturellement *Hagelthal* et *Hagelschloss*. On voit que la « grêle » n'a absolument rien à voir en cette affaire.

XXXIII

LES CHATEAUX DE DREYSTEIN

Sur le flanc occidental du Sainte-Odile, à l'endroit où l'étranglement de son plateau a fait établir le mur de séparation de l'enceinte centrale d'avec l'enceinte nord du mur païen, une avancée de la montagne vers l'ouest, au-dessus d'un vallon latéral du Fulloch, à l'altitude de 627 mètres, porte les ruines des châteaux de Dreystein, les plus rapprochées du monastère, dont elles ne sont distantes que de vingt minutes de marche. Le nom qu'elles portent (châteaux des trois pierres) est parfaitement justifié, car ce sont en effet trois châteaux distincts qui sont construits chacun sur un roc isolé des autres par des

ravins naturels, bien qu'au premier coup d'œil on n'en reconnaisse que deux, parce que les deux situés du côté de la vallée sont réunis par une cour mitoyenne. Le château le plus rapproché de la montagne forme un trapèze allongé d'environ 25 mètres de longueur et de 5 mètres seulement de largeur moyenne. Du côté de l'est, c'est-à-dire, de l'attaque, il est muni d'un mur de trois mètres d'épaisseur flanqué d'une tour ronde à demi détruite; le reste formait un étroit corps de logis dont l'entrée existe sur la face méridionale. Les deux autres châteaux contigus représentent également un trapèze allongé de l'est à l'ouest, dont plus de moitié appartient au château central, le plus considérable des trois ; quant au troisième, il ne consistait qu'en un étroit corps de logis de dix mètres sur huit. Dans son angle de jonction nord-est avec la cour mitoyenne s'élève le donjon rond principal, commun aux deux châteaux, qui avaient également chacun son entrée particulière du côté du midi.

Les Dreystein, que quelques fenêtres romanes ou ogivales primitives indiquent avoir été fondés à la fin du treizième siècle, ne paraissent dans l'histoire que dans un acte de 1432, par lequel l'empereur Frédéric III en investit, à titre de fief,

la famille de Rathsamhausen, qui reçut en même temps la moitié du Waldsberg ainsi que le hameau de Homburger-weiler, situé du côté opposé de la vallée, et qui en est restée en possession jusqu'à la Révolution. Aujourd'hui, les trois châteaux, après avoir successivement appartenu à M. Rohmer et à M. Fux, sont la propriété de M. Aloïse Schœffer, maire d'Obernai. Une particularité à noter à leur sujet, c'est que parmi les pierres employées à leur construction, un grand nombre portent des entailles de queues d'aronde, preuve que le mur païen en a largement fourni les matériaux.

XXXIV

LE CHATEAU DE KAGENFELS

A quatre kilomètres au nord-ouest des Dreystein, sur une montagne située entre la vallée supérieure de l'Ehn et un affluent latéral du ruisseau du Fulloch, et couronnée par un mamelon rocheux de 666 mètres d'altitude, se trouvent les ruines du château de Kagenfels, communément appelé *Hanf-matterschloss*, parce qu'un petit pré contigu à la ruine était autrefois affecté à la culture du chanvre[1]. Situé en pleine

[1] L'ancienne carte de l'état-major français donne au château le nom inconnu de *Falkenschloss* ; sur la carte de Cassini, il est désigné par celui de *Rhein*, qui paraît être résulté d'une interprétation fautive, en deux mots, du terme *Schlossrain* (côte du château).

forêt et comme hors du monde, il est le moins connu de tous les châteaux des environs et le seul qu'on ne puisse apercevoir d'un point quelconque du plateau occidental de Sainte-Odile. Construit tout en granit, il se composait d'un corps de logis de dimensions médiocres, dont il ne reste plus que des pans de mur ; mais une tour carrée qui s'élève encore à une grande hauteur du fond du fossé, où elle est assise, jusqu'au-dessus de la plateforme du rocher, est la partie la mieux conservée de cette ruine.

La construction du Kagenfels remonte également à la fin du treizième siècle. En 1285, l'empereur Rodolphe de Habsbourg confirma la donation de 40 arpents de forêts sur le

versant de la montagne, faite par la ville d'Obernai au chevalier Albert de Kagen, pour une redevance annuelle d'une
livre de cire au profit de la chapelle de la Vierge nouvellement
construite dans cette ville. Albert de Kagen paraît avoir été le
constructeur même du château auquel il a donné son nom ;
mais lui ou ses héritiers n'en restèrent pas longtemps en
possession ; en 1310 le Kagenfels était déjà aux mains des
Hohenstein ; plus tard il fit partie des domaines de l'évêque
de Strasbourg. En 1424, il fut pris et détruit par Louis de
Lichtenberg ; après avoir changé encore plusieurs fois de
possesseurs, il fut racheté pour 5200 florins par la ville
d'Obernai, à laquelle il appartient encore aujourd'hui. Cette
ruine, par son site sauvage et solitaire, mérite d'être visitée ;
le chemin le plus court, depuis le couvent, est celui par les
Dreystein et un vallon latéral du Fulloch ; c'est environ une
heure et demie de marche sous bois.

XXXV

LE CHATEAU DE BIRKENFELS

En allant du Kagenfels dans la direction du sud-est, on
trouve à mi-côte l'ancienne ferme de Hombourgwiller, aujour-
d'hui maison forestière, dont le nom est celui du hameau de
Hohenburgweiler qui y existait autrefois et qui a été une des
dépendances les plus anciennes du monastère de Sainte-Odile ;
il est mentionné pour la première fois sous le nom de Willer
dans la charte de 1191, par laquelle l'évêque Conrad de Hünebourg confirma à l'abbesse Herrade de Landsperg les droits
de l'abbaye sur la montagne. Il disparut dans le cours du
quinzième siècle et la forêt qui le remplaça prit le nom de
Willerwald.

À deux kilomètres au sud-est de la maison forestière s'élève
sur un tertre rocheux de 675 mètres d'altitude, dominant le
haut de la vallée du Fulloch, le château de Birkenfels, tout
à fait caché dans les forêts, au-dessus desquelles on le voit
cependant surgir, de certains points du plateau du couvent et
notamment du kiosque rustique Jadelot qui s'élève en face de
lui, en dehors du mur païen, du côté du Wachtstein. Cette
intéressante ruine forme un quadrilatère de 15 mètres de long
sur 7 de large, renfermant un corps de logis et une étroite
cour. Sa façade principale est percée de quelques fenêtres
datant de la fin du treizième siècle ; une porte ogivale appartient au quatorzième. Une tour pentagonale d'une grande
hauteur et très bien conservée occupe l'angle sud-est du
château ; on n'y voit aucune ouverture, mais il y existe dans
l'épaisseur du mur un étroit réduit qui a dû servir de cachot.

L'origine du Birkenfels[1] remonte, comme celle du Kagenfels, à la fin du treizième siècle. Il fut bâti sur le territoire de la ville d'Obernai par le chevalier Bourcard Beger[2], feudataire, comme Albert de Kagen, de l'évêque de Strasbourg, et la possession lui en fut confirmée par une charte de 1289. Le

[1] Ce château est aussi appelé *Bergfelderschloss*, par corruption de son nom primitif de *Begerfels*.
[2] Un des Beger avait fondé pour l'autel de la chapelle de la Croix une prébende dont le patronat passa dans la suite aux Joham de Mundolsheim. En 1601, Conrad Joham, quoique protestant, la renouvela en faveur des Prémontrés. — En 1457 et en 1466, Claire-Anne Beger était abbesse de Niedermünster.

château resta aux mains de ses successeurs jusqu'à l'extinction de la famille qui arriva en 1532 par l'assassinat de Mathias Beger, tué dans son château de Geispolsheim par Frédéric Bock de Blæsheim. Depuis cette époque jusqu'à la Révolution, il a appartenu aux Joham de Mundolsheim; aujourd'hui il fait partie du domaine forestier d'Obernai.

Du Birkenfels, en gagnant au midi le chemin appelé *Scheidweg* qui sépare les forêts d'Obernai et de Barr et qui conduit au Ban-de-la-Roche, on peut se rendre en une heure de marche au couvent, soit par l'ancienne voie romaine de Barr, soit par la grande route.

XXXVI

KLINGENTHAL

Les vieux châteaux que nous venons de visiter en dernier lieu sont tous situés au-dessus des vallées de l'Ehn et du Fulloch. Au confluent des deux ruisseaux se trouve la maison forestière de Vorbruck, appartenant à la ville d'Obernai, et, de là, à deux kilomètres en aval, nous arrivons au village de Klingenthal, qui occupe un site des plus pittoresques, à l'endroit même où l'Ehn, qui jusqu'ici a coulé du sud-ouest vers le nord, prend la direction de l'ouest à l'est pour gagner la plaine d'Alsace. Cette vallée, profondément encaissée entre de hautes montagnes et partout entourée d'épaisses forêts, n'était jusqu'au commencement du siècle dernier qu'un désert habité ou fréquenté seulement par quelques forestiers et bûcherons. C'est à son ruisseau qu'elle doit d'être aujourd'hui si peuplée : la pente extrêmement forte de l'Ehn, qui, dans le parcours d'une lieue, représente une chute d'environ soixante mètres, et la qualité de son eau, qui ne gèle que rarement, ont provoqué, il y a 175 ans, la création des établissements métallurgiques qui ont fini par former une commune de plus d'un millier d'habitants. Cette création a été l'œuvre d'un homme de grand mérite, Jean-Henri Anthès, auquel nous devons consacrer ici une mention commémorative.

Jean-Henri Anthès[1], né en 1674 à Weinheim, dans le Palatinat, d'où son père, Philippe-Michel, alla, cette même année, s'établir à Mulhouse, dirigea d'abord la forge d'Oberbruck et y créa une manufacture de fers blancs, pour laquelle il obtint plus tard, par lettres patentes royales, du 14 septembre 1720, un privilège exclusif. Ce fut en 1713 qu'il commença à établir dans la vallée de l'Ehn, comme entreprise privée, une manufacture d'*armes blanches* (sabres et baïonnettes), pour laquelle il fit venir des ouvriers de Solingen, de Remscheid, en Westphalie, et de Saint-Blaise, dans la Forêt-Noire. Cet établissement fut transformé, en vertu de lettres patentes du 15 juillet 1730, en une manufacture royale[2] avec privilèges spéciaux; Henri Anthès était autorisé à fabriquer, exclusivement à tous autres et exempt

de toutes charges et impositions, tant envers le roi que envers les villes, communautés et seigneuries particulières, à la condition qu'il fournirait des armes blanches pour le service du roi à un dixième de moins que celles qui se vendaient à Solingen. L'année suivante déjà, le roi récompensa les services éminents qu'il avait rendus aux arts métallurgiques, en lui conférant par lettres patentes du mois de décembre 1733, la noblesse héréditaire française avec de nouvelles armoiries rappelant la nature de ses services[1]. Henri d'Anthès mourut en 1733[2]. L'établissement fondé par lui, a subsisté, comme manufacture de l'État, jusqu'en 1870 ; depuis cette époque il a été transféré à Châtellerault (Indre), de même que la manufacture d'armes à feu de Mutzig a été établie à Saint-Étienne (Loire). Aujourd'hui, la manufacture de Klingenthal, dont le propriétaire était, en dernier lieu, M. Coulaux, ancien député du Bas-Rhin et maire de Strasbourg (mort le 1er août 1887), fabrique des armes blanches pour le commerce, des fleurets et des faux. Elle occupe une série d'aiguiseries et de martinets et un grand nombre d'autres bâtiments d'exploitation.

À la dernière maison du village, en aval, commence la propriété de MM. Oesinger frères, où se trouvent, à mi-chemin entre Klingenthal et Ottrott, les usines métallurgiques fondées au milieu du siècle dernier, par leur ancêtre, François-Daniel Oesinger (né en 1731, mort en 1794), qui fut d'abord directeur de la manufacture royale de Klingenthal. À ces établissements qui, depuis lors, ont été exploités et dirigés, de

[1] La famille Anthès est originaire de l'île de Gothland, en Suède; sa filiation suivie part du milieu du quatorzième siècle, avec Henrick Anthesius qui fut tué au siège de la forteresse de Nottburg, en 1348, et dont le petit-fils, Christian-Ericson, passa en Allemagne et puis en Autriche. Le fils de ce dernier, Charles, quitta Vienne en 1529, et vint s'établir à Weinheim. Son descendant à la cinquième génération fut Philippe-Michel qui obtint, le 8 août 1634, le droit de bourgeoisie à Mulhouse. Il exploita les forges et les hauts-fourneaux de Belfort et de Giromagny, et la mine d'argent de Giromagny. Un de ses petits-fils, Philippe-Jacques (neveu de Jean-Henri), né en 1704, fut le fondateur de l'une des premières manufactures d'indiennes, à Mulhouse.

[2] Le terrain pour cette manufacture, formant le fond de la vallée, entre la forêt d'Obernai et celle du chapitre de la Cathédrale de Strasbourg, appartenait à ce dernier, qui le vendit au gouvernement. Dans les documents du quinzième siècle, ce terrain est désigné sous les noms de *Struttmatt* et *Strittmatt*. — C'est la *manufacture d'armes blanches* qui a fait donner à la localité le nom de *Klingenthal* (vallée des *lames*).

[1] De gueules à trois épées d'argent, montées (à poignées) d'or et liées de sinople (vert), posées, deux en sautoir la pointe en bas, la troisième en pal, la pointe en haut.

[2] Les descendants actuels de Jean-Henri d'Anthès portent aujourd'hui le titre de barons de Heeckeren et résident à Soultz (Haut-Rhin).

père en fils, par les membres de cette ancienne famille patricienne de Strasbourg[1], M. Ch. Frédéric Oesinger, ancien conseiller général et député du Bas-Rhin (né en 1794, mort en 1864), a ajouté en 1846 une fabrique de matières colorantes

[1] La famille Oesinger est originaire de Kaysersberg. En 1483, André Oesinger acquit le droit de bourgeoisie à Strasbourg et s'y fit recevoir dans la tribu des marchands. Plusieurs de ses descendants remplirent les fonctions de notaire impérial et siégèrent dans les conseils de la cité. Jean-Frédéric Oesinger, né le 20 juin 1658, mort le 14 décembre 1737.

qui occupe les bâtiments situés à la sortie de la vallée, près d'Ottrott.

entra en 1730 au collège des Treize et devint en 1734 Ammeistre, c'est-à-dire, chef de la république de Strasbourg.

En 1761, l'usine Oesinger fournit 38,535 livres de cuivre rouge en feuilles pour la nouvelle toiture de la nef et de la coupole de la cathédrale de Strasbourg, en remplacement de la couverture en plomb détruite par l'incendie du 27 juillet 1759. Cette toiture en cuivre a subsisté jusqu'au 25 août 1870.

XXXVII

SAINT-LÉONARD

Les touristes qui se rendent au mont Sainte-Odile par Obernai et Ottrott aperçoivent, en approchant de ce dernier village, sur la colline qui s'avance à droite de l'entrée du Klingenthal, un groupe de maisons, dépendant de la commune de Bœrsch, qui se trouve à un kilomètre de là, vers le nord-est. Ce hameau, dont le site pittoresque, au nord-est du Sainte-Odile, forme pour ainsi dire le pendant du groupe de Truttenhausen qui s'élève au pied sud-ouest de notre « montagne sainte », occupe l'emplacement de l'ancien couvent de Saint-Léonard, dont l'histoire peut se résumer en quelques mots. Saint-Léonard doit son origine à un anachorète nommé Erchambaud, qui, au dixième siècle, construisit dans la forêt de chênes, dont le coteau était alors couvert, une chapelle et un

ermitage. Dans la suite, ces bâtiments firent place à une abbaye de Bénédictins, dont l'église fut dédiée à saint Léonard, ermite. A la fin du onzième siècle, le monastère, sous la dénomination de « Saint-Léonard du Chêne » (adquercum), déjà en pleine décadence, fut rétabli par l'évêque Othon de Hohenstaufen. En 1109, l'évêque Cunon consacra la nouvelle église et confirma les possessions de l'abbaye, à laquelle son successeur, l'évêque Gebhard fit don, en 1134, de divers biens situés aux environs. Mais moins d'un siècle plus tard, la communauté se trouva de nouveau, par suite de mauvaise gestion, dans un si déplorable état, que l'évêque Henri de Vehringen la transforma, en 1214, avec l'approbation du pape Grégoire IX, en un canonicat séculier qui, pour l'administration de ses biens, fut placé sous le patronage du Grand-chapitre de Strasbourg. La nouvelle collégiale eut, dans la suite, beaucoup à souffrir pendant les troubles et les guerres du seizième et du dix-septième siècles : guerre des paysans (1525), guerre des évêques (1592), guerre de l'Union (1610), guerre de Trente ans ; en 1622, les hordes incendiaires de Mansfeld firent périr dans les flammes plusieurs des chanoines[1], et l'invasion suédoise en 1632 força les survivants à se disperser. Ce ne fut qu'en 1651 et 1658 qu'ils purent de nouveau rétablir l'église et reprendre la vie commune. En 1718, ils conclurent avec les Prémontrés de Sainte-Odile une confraternité religieuse en vertu de laquelle les contractants s'engagèrent réciproquement à assister aux obsèques et à dire des messes pour le repos de leurs âmes. Ce fut là, du reste, la seule relation qui existât jamais entre les deux communautés voisines. La Révolution mit fin à la collégiale de Saint-Léonard, dont l'église, datant du commencement du douzième siècle, fut démolie, tandis que les maisons canoniales devinrent propriétés particulières. Une belle porte romane, formant l'entrée de l'enclos extérieur de l'antique abbaye, a été démolie, il n'y a qu'une trentaine d'années ; sur son emplacement a été construit depuis, dans le même style, un petit pavillon, accolé à une maison de campagne.

A quelques pas de là, sur la route d'Ottrott, s'élève une petite chapelle moderne, consacrée sous le vocable de « Notre-Dame du Chêne » (*Maria sur Eiche*), en renouvellement de l'antique pèlerinage de Saint-Léonard.

---

[1] *Mansfeldica furor nostræ canonicos collegiatæ vivos igne conscremavit*, dit un mémoire de 1666, conservé aux archives de Bœrsch.

XXXVIII

CONCLUSION

Si tous les chemins mènent à Rome, il y en a au moins une douzaine qui conduisent au Sainte-Odile[1]. Aussi le touriste qui n'a qu'un jour à consacrer à son ascension n'a-t-il que l'embarras du choix pour combiner le mieux possible son excursion. Mais pour visiter sans fatigue tous les monuments et les sites de la montagne dont nous venons de terminer la description, quatre jours au moins sont nécessaires. Quant aux heureux mortels qui peuvent passer quelques semaines de villégiature au couvent, ils ne seraient pas dignes de la bonne fortune qui leur échoit, si, au bout de ce temps, ils ne connais-

[1] La carte qui forme le sujet de notre dernière planche a servi de frontispice à l'ouvrage de Silbermann. Quoique incorrecte, elle ne manque pas d'intérêt à titre rétrospectif.

saient pas par cœur tous les sentiers sous bois, les fourrés ombreux, les ravins solitaires, les moindres pans de murs et les rochers bizarres, et s'ils ne savaient pas sur le bout du doigt l'histoire des deux monastères et des dix châteaux. La visite et l'étude quotidiennes des monuments que la nature et l'homme ont accumulés sur le plateau et le pourtour de l'Altitona gaulois, du Hohenbourg chrétien et du Sainte-Odile moderne doivent être un sujet perpétuel de jouissances spirituelles pour les pensionnaires du couvent, que la cordiale hospitalité des bonnes sœurs dispense des soucis prosaïques d'un pot-au-feu qui, heureusement pour eux, n'a rien de trop monacal.

Nous terminons ce travail sur notre montagne sainte, en laissant le dernier mot au savant auteur de la troisième édition de l'*Alsace ancienne et moderne* (1865) :

„A présent, comme aux temps les plus prospères de son histoire, le couvent de Sainte-Odile attire chaque été une foule de pèlerins, les uns conduits par la seule piété, les autres plus alléchés par la beauté du site, par l'attrait d'une partie de plaisir forestière ou pittoresque, par l'intérêt surtout des monuments archéologiques. Mais tous, pèlerins, artistes, poètes, mondains et antiquaires, ceux qui prient, comme ceux qui rêvent, se promènent ou étudient, s'accordent à rendre hommage à un sanctuaire qui étend en quelque sorte son ombre protectrice sur les plus vieux débris de l'antiquité et sur nos plus lointains souvenirs alsatiques.“

Pl. XX.

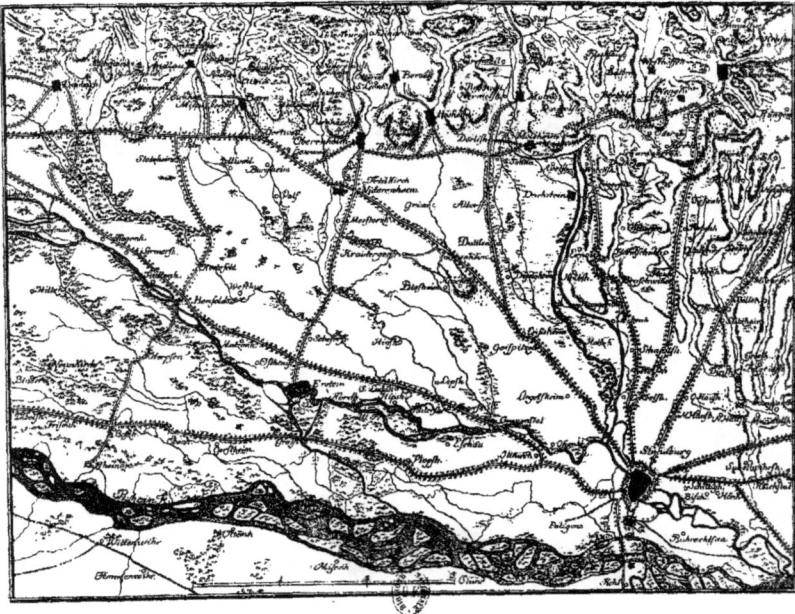

APPENDICES

I. Liste des Abbesses de Hohenbourg et de Niedermünster

(d'après GRANDIDIER et GYSS).

SAINTE ODILE
ABBESSES DES DEUX MONASTÈRES
680-723.

Hohenbourg.	Niedermünster.
Sainte-Eugénie, 723-735.	Sainte-Gondelinde.
Wérentrude Ire, 740.	Sainte-Eimhilde.
Attale Ire, 783.	
Odile II, de Verdun, 1020.	Hedwige Ire, 1017.
Berthe, 1045, 1051.	
Eugénie II, de Stehelin, 1140.	
Relinde, † 1167.	
Herrade de Landsperg, † 1195.	Édelinde de Landsperg, 1180, 1200.
Lucharde, 1200.	
Attale II, 1206.	
Wérentrude II, 1229.	
Élisabeth Ire, de Lützelbourg, 1230.	Walburge, 1237, 1239.
Élisabeth II, 1249.	
Agnès Ire, 1255, 1263.	Agnès de Gondreville, 1283.

Gerlinde, 1272.
Agnès II, 1277, 1286.
Élisabeth III, 1299.
Catherine Ire, de Stauffenberg, 1304, 1312.
Élisabeth IV, 1325.
Mathilde, 1329.

Élisabeth V, 1338, 1341.

Agnès II, de Stauffenberg, 1350, 1351.
Marguerite Ire, 1362, 1385.

Agnès III, de Stauffenberg, 1386, 1404.
Catherine II, de Stauffenberg, 1409.
Marguerite II, de Wildsperg, 1426.

Hedwige II, 1284.
Élisabeth Ire, 1284, 1293.
Gertrude, 1315, 1322.
Catherine de Hermersheim, 1328, 1340.
Willeburge, 1340.
Marguerite Ire, de Senones, 1351, 1365.
Marguerite II, de Dahn, 1386, 1388.
Élisabeth II, de Bergheim, 1404, 1411.
Susanne de Rathsamhausen, 1411, 1424.
Anne Ire, de Rathsamhausen, 1424.
Anne II, Harlop de Müllenheim, 1440, 1451.
Claire-Anne Beger, 1457, 1468.

Claire Ire, de Lützelbourg, 1428, 1453.

Adelaïde de Bock, 1473.

Susanne de Hohenstein, 1463, 1491.

Marguerite III, de Kanel, 1475.

Véronique d'Andlau, 1493, †1524.

Marguerite IV, d'Altdorf, † 1496.

Agnès IV, de Zuckmantel, 1524, † 1542.

Anne (Anastasie) d'Oberkirch, 1542, † 1543.

Agnès V, d'Oberkirch, 1543, 1546.

Ursule Ire, de Treubel, 1507, † 1514.

Rosine de Stein, 1514, † 1534.

Ursule II, de Rathsamhausen, 1535, † 1541.

II. Liste des Prieurs de Sainte-Odile

(d'après ALBRECHT).

Albert Rivière . . . . élu en 1663.	Frédéric Colson . . . . élu en 1712.
Servais Morceaux . . . . » » 1671.	Charles Martin . . . . » » 1718.
François Scharff . . . . » » 1681.	François Marquet . . . . » » 1719.
Brulle . . . . » » 1682.	Charles Martin . . . . » » 1720.
Hugues Peltre . . . . » » 1684.	Joseph Raignier . . . . » » 1725.
Servais Morceaux . . . . » » 1685.	François Maelot . . . . » » 1730.
Arnulphe Simon . . . . » » 1694.	Réginald Vautrop . . . . » » 1732.
Hugues Peltre . . . . » » 1698.	Frédéric Brioleux . . . . » » 1737.
Claude Collin . . . . » » 1706.	Denis Albrecht . . . . » » 1737.
Hugues Peltre . . . . » » 1708.	Nicolas Klein . . . . élu 1755, † 1791.

III. Liste des Prévôts et Prieurs de Truttenhausen

(d'après GRANDIDIER).

1. Prévôts.

Volmar . . . . élu 1181, † 1191.	Éverard . . . . —
Frédéric . . . . » 1191, † 1239.	Gauthier . . . . élu 1262, † 1281.
Henri Ier . . . . » 1259.	Henri II . . . . † 1304.
Falcon . . . . † 1242.	Sigefroi . . . . † 1317.
Wolfram . . . . † 1253.	Jean Ier . . . . † 1335.
Hanemann . . . . —	Jean II . . . . † 1360.
	Oswald de Berwartstein . . . . † 1360.
	Henri III . . . . † 1378.

Rodolphe.	† 1379.	Jean IV, Thielman.	† 1492.
Rulin.	† 1403.	Albert.	† 1493.
Bourcard Luumé	† 1418.	Conrad Voltz, de Strasbourg	† 1501.
André Schmied, de Bâle	† 1427.	Jean V, d'Eschau	† 1507.
Jean III, Betschelin, de Barr	† 1436.	Gerhard	† 1511.
Nicolas Weissenburger, dernier prévôt	élu 1444.	Werner	† 1513.
		Balthasar.	† 1520.
2. Prieurs.		Jean VI, de Sonspach	† 1529.
Nicolas Weissenburger, premier prieur	† 1454.	Antoine, de Cologne	1529-1535.

IV. Inscriptions à Sainte-Odile.

1. *Dans la chapelle de la Croix.*

a) Sur le sarcophage d'Étichon et de Béreswinde :

Sepulcrum Attici ducis et Bereswindæ conjugis S. Odiliæ progenitorum.

(Tombeau du duc Attic et de son épouse Béreswinde, parents de sainte Odile.)

b) Au-dessus du sarcophage :

Sepulcrum Adalrici seu Attici ducis et Berheswindæ Parentum S. Odiliæ abatissæ ex majore ecclesiâ hâc incendio devastatâ a. 1546 translatum in capellam S. S. Angelorum a. 1617, repositum ex dictâ capellâ in locum prestinum a. 1753, ubi sua voluerunt corpora resquiescere et horum sæculis requieverunt modo atque semper requiescant in pace.

(Tombeau du duc Adalric ou Attic et de Béreswinde, parents de l'abbesse sainte Odile, transféré de cette grande église incendiée en l'an 1546 dans la chapelle des saints Anges, l'an 1617, reporté en 1753 de ladite chapelle à sa place primitive où ils ont voulu que leurs corps reposassent, où ils ont réellement reposé de leur temps ; puissent-ils y reposer toujours en paix !)

2. *Dans la chapelle Sainte-Odile.*

a) Au-dessus de l'arceau du chœur :

Anno Christi DCLXXVI S. Odilia Virgo hoc cœnobium fundavit.

(L'an du Christ 676 sainte Odile, vierge, a fondé ce monastère.)

b) Sur l'ancien sarcophage de sainte Odile, au-dessus du bas-relief de Fransin, de 1696 :

Ex integro et inconvulso B. Odiliæ corpore bracchii dextri parte sublatâ sacræ reliquiæ mox recluduntur sub hâc thecâ testibus et ministris Carolo IV Rom. Imp. et episcopis Argentinensi et Olomucensi Anno MCCCLIV.

(Après l'enlèvement d'une partie du bras droit du corps entier et intact de sainte Odile, les reliques sacrées ont été sur le champ renfermées dans ce cercueil, en présence et avec le concours de Charles IV, empereur des Romains, et des évêques de Strasbourg et d'Olmütz, l'an 1354.)

c) Sur le sarcophage actuel, de 1799 :

S. O. L. R.

Beatæ Odiliæ virginis ossa a° 1793 motu civili violata, A° 1799 heic iterum condita in fidem publicum scripto firmata.

16

(A sainte Odile Louis Rumpler.

Les ossements de sainte Odile, vierge, profanés en 1793 pendant les troubles civils, ont été de nouveau replacés ici, en 1799 [1], dont fait foi publiquement cette inscription.)

d) Sous le bas-relief au-dessus du sarcophage :

Beatus vir Erhardus Ratisponensis episcopus ad Palmæ in Burgundiâ nobilium virginum sodalitium angeli monitu dirigitur, ubi virginem natu cæcam baptizaret. Quæ geminum indè mentis et corporis lucem reportat claroque Odiliæ nomine dignè cohonestatur.

(Saint Ehrhard, évêque de Ratisbonne, est amené par l'avis d'un ange dans la communauté des vierges nobles de Palma (Beaume-les-Dames) en Bourgogne, afin d'y baptiser une jeune fille aveugle de naissance, qui, éclairée de la double lumière de l'esprit et du corps, est honorée sous le nom illustre d'Odile.)

3. Chapelle des Anges.

a) Au-dessus de la porte, surmontée de l'écusson de l'évêque Léopold d'Autriche :

restItVta In anno DoMInI IesV ChrIstI [2].

(Rétablie l'an du Christ 1617.)

[1] La réintégration n'a eu lieu réellement qu'en 1800.

[2] Les lettres majuscules de cette inscription donnent le millésime, en chiffres romains, de l'année 1617. — Les inscriptions de ce genre s'appellent *chronogrammes*.

4. Dans le couvent.

a) Au réfectoire on voyait encore il y a cent ans les quatre chronogrammes suivants :

IgnIs eDaX Vrens sILVas hæc oMnIa Vastat.

(Le feu dévorant, brûlant les forêts, ravage tout cet enclos — 1579.)

eXVrgens sILVIs IgnIs combVssIt et æDes.

(Le feu s'élevant des forêts a consumé aussi les bâtiments — 1680.)

otIlIa a Vertat post quInque IncendIa seXtVM.

(Veuille Odile détourner après cinq incendies le sixième — 1684.)

ast alIVs sVrgIt post quInque IncendIa MVrVs.

(Mais un autre mur s'élève après cinq incendies — 1685.)

b) Dans le cloître existait autrefois cette épitaphe :

Anno Domini MCCXXXIV Sigmund de Dagespurg ortis generosus, nomine famosus princeps, corruit ense sine culpâ.

(L'an du Seigneur 1234 Simon de Dagsbourg, prince de noble race et de grand renom, périt par l'épée, sans sa faute [1].)

[1] C'était Simon de Linange (*Leiningen*), troisième mari de Gertrude, fille et héritière unique du dernier comte de Dabo, morte en 1225 ; la majeure partie de l'ancien comté de Dagsbourg passa à la maison de Linange.

V. Personnages historiques qui ont visité Sainte-Odile.

En 773, Charlemagne, pendant son séjour à Sélestat.

En 807 et 833, Louis le Débonnaire.

En 887, sainte Richarde, impératrice.

Vers 1017, Henri II, empereur.

En 1045 et 1050, saint Léon IX, pape.

En juillet 1153, Frédéric Barberousse, empereur.

En 1194, Richard Cœur de Lion, roi d'Angleterre.

En 1195, Sibylie, veuve de Tancrède, roi d'Apulie, et ses deux filles furent reléguées par l'empereur Henri VI, comme prisonnières, à Hohenbourg, où elles prirent le voile et finirent leurs jours.

Le 4 mai 1354, Charles IV, empereur, accompagné de Jean de Lichtenberg, évêque de Strasbourg, et de Jean, évêque d'Olmütz.

En 1474, au printemps, Christiern Ier, roi de Danemark, accompagné des comtes de Barhy, de Gleichen, et d'autres, au nombre de 130 personnes, qui, revenant d'un pèlerinage à Rome, montèrent à Hohenbourg, en manteaux noirs et le bourdon blanc à la main.

En 1605, 1607 et 1624, Adam Peetz, évêque de Tripoli, suffragant et vicaire général de l'évêché de Strasbourg.

En 1630, Paul, comte d'Aldringen, évêque de Tripoli, suffragant et vicaire général de l'évêché de Strasbourg.

En 1651 et 1655, François de Lorraine, évêque de Verdun et administrateur général de l'évêché de Strasbourg.

En 1655, Gabriel Haug, suffragant et vicaire général de l'évêché de Strasbourg.

En 1663, François-Égon, prince de Fürstenberg, évêque de Strasbourg, et son frère, Guillaume-Égon, évêque de Metz, plus tard évêque de Strasbourg.

Le 17 septembre 1696, Dom Jean Mabillon, le savant bénédictin.

Le 20 octobre 1696, Pierre Creach, archevêque de Dublin et primat d'Irlande, consacra la nouvelle église de Sainte-Odile, assisté de François Blouet de Camilly, abbé de Val-Richer, vicaire général et official de l'évêché de Strasbourg.

En 1706, Guillaume Tual, évêque de Nyssa, suffragant, vicaire général et official de l'évêché de Strasbourg.

En 1707, Louis Hugo, évêque de Ptolémaïs.

En 1714, le cte de Lœwenstein, doyen du Gd-Chapitre de Strasbourg.

En 1730, Marie-Sophie d'Andlau, princesse-abbesse d'Andlau.

En 1731, le jour de l'Ascension, en 1733 et 1750, Jean-André Silbermann, le célèbre facteur d'orgues et archéologue, historien de Sainte-Odile.

En 1731, le prince de La Tour d'Auvergne, grand-prévôt de la cathédrale de Strasbourg.

En 1736 et 1750, Armand-Gaston, prince de Rohan, cardinal, évêque de Strasbourg.

En 1738, de Balincourt, maréchal de France, gouvernr de Strasbourg.

En 1748, Vanolles, intendant d'Alsace.

En 1771, le jour de la Pentecôte, Gœthe, alors étudiant à l'Université de Strasbourg.

Le 24 juin 1796, Jean Pfeffinger, historien de Sainte-Odile (pour la sixième fois).

Le 16 juin 1857, Stéphanie, grande-duchesse douairière de Bade, accompagnée de Mgr André Raess, évêque de Strasbourg, du général de division Reibell, de MM. Migneret, préfet du Bas-Rhin, et Coulaux, maire de Strasbourg.

VI. Paroisses qui visitaient autrefois en procession Sainte-Odile.

Barr.	Geispolsheim.	Meistratzheim.	Rosenwiller (Ascension).
Bergbieten (1er mai).	Holtzheim.	Molsheim.	Rosheim (1er mai).
Bischoffsheim.	Hüttenheim.	Mutzig.	Saint-Nabor.
Bœrsch (lundi de la Pentecôte).	Kogenheim.	Niedernai.	Stotzheim.
Bolsenheim.	Krautergersheim.	Obernai (lundi de la Pentecôte).	Uttenheim.
Dachstein.	Matzenheim.	Ottrott (Ascension).	Wolfisheim.

VII. Fêtes célébrées chaque année à Sainte-Odile.

Saint Ehrard, évêque de Ratisbonne.	8 janvier.
Saint Joseph	19 mars.
L'Annonciation	25 mars.
Le Vendredi-Saint	— —
Le Lundi de Pâques.	— —
Le Lundi de la Pentecôte	— —
L'Invention de la Croix.	3 mai.
Saint Sigismond	7 mai.
Saint Norbert.	6 juin.
Saint Jean-Baptiste	24 juin.
Saint Pierre et saint Paul	29 juin.
La Visitation	2 juillet.

La Fête de la translation des reliques de sainte Odile, avec octave	7 au 15 juillet.
L'Assomption.	15 août.
Saint Louis	25 août.
La Nativité.	8 septembre.
Saint Gorgon.	9 septembre.
Sainte Eugénie	16 septembre.
Sainte Richarde	18 septembre.
Saint Michel	29 septembre.
Saint Léger	7 octobre.
Sainte Attale	3 décembre.
L'Immaculée Conception	8 décembre.
Sainte Odile	13 décembre.

VIII. Sanctuaires consacrés à sainte Odile.

1. Églises paroissiales.

A Bessenbach, diocèse de Mayence (Hesse).
A Biberach (Würtemberg).
A Heimmerstein (Suisse).
A Ilbenstadt, diocèse de Mayence.
A Kerkling (Bavière).
A Mœrgersheim, diocèse d'Eichstædt (Bavière).
A Mülhausen (Würtemberg).
A Potisholz, canton de Lucerne (Suisse).
A Randegg, près Schaffhouse (Bade).
A Willheim, diocèse d'Eichstædt (Bavière).

2. Chapelles.

Près Étival (dép. des Vosges).
Près Fribourg en Brisgau (Bade).

Près Haselbourg-Dabo (Lorraine).
A Heimersdorf, près d'Altkirch (Haute-Alsace).
A Hellring, diocèse de Ratisbonne (Bavière).
Près Horb (Würtemberg).
A Scherwiller, près Sélestat (Basse-Alsace).
A Wilten, près Inspruck (Tyrol).

3. Autels.

A Bamberg, dans l'ancienne église des Carmélites.
A Brunnstatt, près Mulhouse, dans l'église paroissiale.
A Ebersmünster, près Sélestat, dans l'ancienne église paroissiale.
A Hettingen, diocèse de Mayence (Hesse).
A Munich, dans l'église de Saint-Pierre.
A Prague, dans la cathédrale de Saint-Vit.
A Willgottheim, canton de Truchtersheim (Basse-Alsace).

La Cathédrale de Strasbourg possédait autrefois un autel de Sainte-Odile, fondé et doté de deux prébendes, dans le premier tiers du quatorzième siècle, par Jean de Gundesheim, prêtre et receveur du Grand Chapitre, mort le 12 juillet 1333. Cet autel se trouvait dans le collatéral septentrional, près de la chapelle de Saint-Laurent, à l'endroit du mur où l'on voyait encore, il y a cent ans, l'épitaphe du fondateur.

Bibliographie de Sainte-Odile

(par ordre chronologique).

1. — 1511. *Officium canonicum pro festo Sanctæ Odiliæ in diœcesi Argentinensi celebratum anno 1511.* (Imprimé dans le Bréviaire publié par l'évêque Guillaume de Honstein.)

2. — 1521. GEBWILER, Jérôme. *Eine schœne, wahrhaftig und hievor unerhœrte hystorie des fürstlichen stammes und hœrkommens der heiligen junckfrawen Otilie,* etc. (Strasbourg.)

3. — 1598. SCHÜTTENHEIMER, Jean. *S. Ottilien fürstlichen herkommens, heiligen lebens und wandels histori,* etc. (Fribourg en Brisgau.) — Deuxième édition de l'ouvrage précédent.

4. — 1616. *Vie et miracles de Madame Saincte Odile* (Espinal).

5. — 1633. RUYR, Jean de. *Recherche des sainctes Antiquitez de la Vosge.* IIᵉ partie, livre IV. (Espinal.)

6. — 1649. VIGNIER, Jérôme. *La véritable origine des maisons d'Alsace, de Lorraine, d'Autriche, de Bade et autres.* (Paris.)

7. — 1653. *Lytaniæ de Sanctâ Odiliâ, serenissimo principi Francisco à Lotharingiâ, Episcopo Virdunensi, Argentinensis Episcopi locum tenenti generali dedicatæ* (Strasbourg.)

8. — 1668. MABILLON, Jean. *Acta sanctorum ordinis s. Benedicti.* T. IV. *Observationes prœviæ in vitam s. Odiliæ. Vita s. Odiliæ, abbatissæ Hœmburgensis, auctoris anonymi* (Paris.)

9. — 1671. (LYRA). *Historia de antiquâ, sanctâ et miraculosâ cruce quæ in templo s. J. Molshemii devotè asservatur* (Molsheim.)

10. — 1675. (LYRA). *Historia des uhralt, heilig und wunderthätigen Creuzes, welches in der Kirche der Societät Jesu zu Molsheim verehrt wird,* etc. (Molsheim.)

11. — 1692. KOCHEM, Martin de. *Auserlesenes Historybuch von den lieben Heiligen Gottes.* 13 déc. *Leben der h. Odilia.*

12. — 1699. PELTRE, Hugues. *La vie de sainte Odile, vierge, première abbesse du monastère d'Hohembourg,* etc. (Strasbourg.)

13. — — 1719. Deuxième édition. (Strasbourg.)

14. — 1700. *Officium S. Odiliæ, primæ abbatissæ cœnobii Hohenburg.* (Strasbourg.)

15. — 1700. PELTRE, Hugues. *Leben der h. Jungfrauen Ottilien, ersten Aebtissin des Closters Hohenburg,* etc. (Strasbourg.)

16. — 1701. *Das Leben der h. Jungfrauen Odilien*, etc. Réimpression de l'ouvrage précédent. (Strasbourg.)

17. *— 1720. *Kurz verfasster Lebenslauf der hl. Jungfrau Ottilic: dann wie die Wallfahrt zu dero Kirchen und wunderthätigen Brunnen bey Freyburg im Breisgau nützlich anzustellen.* (Fribourg.)

18. —   —   1758. Nouvelle édition. (Fribourg.)

19. — 1724. (BELHOMME, Humbert, abbé de Moyenmoûtier). *Historia Mediani in monte Vosago monasterii ordinis sancti Benedicti ex congregatione sanctorum Vitoni et Hidulfi.* (Strasbourg.)

20. — 1724. BAILLET, Adrien. *Les vies des Saints.* 13 déc. *Vie de sainte Odile.* (Paris.)

21. — 1727. LAGUILLE, Louis. *Histoire de la province d'Alsace.* Tome I. (Strasbourg.)

22. — 1733. BELHOMME, H. *Antiquitates montis Vogesi et præsertim Mediani in eodem monasterii,* etc. Réimpression de l'ouvrage de 1724. (Strasbourg.)

23. — 1736. ALBRECHT, Denis. *Anführungen der Wallfahrter auf den heiligen Odilienberg,* etc. (Strasbourg.)

24. — 1736. HUGO, Charles (abbé d'Étival). *Annales ordinis Præmonstratensis.* (Nancy.)

25. — 1751. ALBRECHT, Denis. *History von Hohenburg oder St. Odilienberg,* etc. (Sélestat.)

26. — 1751-1761. SCHŒPFLIN, Jean-Daniel. *Alsatia illustrata. Pars francica.* Tom. I. (Colmar.)

27. — 1763. GODESCARD. *Vies des Pères, martyrs et autres principaux saints.* 13. déc. *Vie de sainte Odile.*

28. — 1774. *Le Pèlerinage à Sainte-Odile,* etc., précédé d'un abrégé de la vie de la sainte, etc., par un chanoine régulier de l'ordre et reforme de Prémontré. (Strasbourg.)

29. — 1776-1778. GRANDIDIER, Phil.-André. *Histoire de l'Église et des évêques-princes de Strasbourg.* (Strasbourg.)

30. — 1781. SILBERMANN, Jean-André. *Beschreibung von Hohenburg oder dem St. Odilienberg, samt umliegender Gegend.* Avec 20 planches gravées par Weiss. (Strasbourg.)

31. — 1804. RUMPLER, Franç.-Louis. *La vie de sainte-Odile, première abbesse de Hohenbourg.* Avec appendice. (Strasbourg.)

32. —   — *Relation des événements qui ont eu lieu à Hohenbourg depuis que le chanoine Rumpler en est le possesseur.* (S. l. n. d.)

33. —   — (RUMPLER.) *Das Leben der h. Jungfrau Odilia, erster Aebtissin zu Hohenburg; nebst einer kurzen Beschreibung etlicher Geschichten die sich auf dem St. Odilienberg, seit dem Jahr 1790 zugetragen haben.* (Strasbourg.)

34. — 1807. VIERLING, F.-H. *Beitrag zur Geschichte der Bergschlœsser und Lagermauern auf dem vogesischen Gebirge überhaupt und der Burg Hoh-Andlau insbesondere.* (Strasbourg.)

35. — 1812. PFEFFINGER, Jean. *Hohenburg oder der Odilien-Berg, sammt seinen Umgebungen, in topographischer und geschichtlicher Hinsicht geschildert.* Avec 15 planches lithographiées. (Strasbourg.)

36. —   — *Hohenburgs oder des Odilienbergs Umgebungen. Mit Planen und Abbildungen.* (Manuscrit inédit, incomplet, de 112 pages in-fol., avec quelques croquis, à la bibliothèque de l'Université.)

37. — 1818. ENGELHARDT, Chr.-Maurice. *Herrad von Landsperg, Aebtissin zu Hohenburg, oder St. Odilien, im Elsass, im zwölften Jahrhundert; und ihr Werk: Hortus*

deliciarum, etc. Avec un atlas de 12 planches lithographiées [1]. (Stuttgart.)

38. — 1821. IMLIN, Emm.-Fréd. *Vogesische Ruinen und Naturschœnheiten.* Avec 14 planches lithographiées. (Strasbourg.)

39. — (1822.) (VENATOR, pasteur à Barr.) *Scenen aus dem Leben Odiliens.* (S. l. n. d.)

40. — 1823-1824. KARTH, Jean-Nicolas. *Six premiers essais lithographiques des environs de Barr. Au bénéfice des inondés de Barr en 1824.* Six vues, petit format. (Strasbourg.)

41. — 1824. SCHWEIGHÆUSER, Jean-George. *Auf dem Odilienberg im Herbst.* Poésie. (Strasbourg.)

42. — — *Notice sur les anciens châteaux et autres monuments remarquables de la partie méridionale du département du Bas-Rhin.* (Strasbourg.)

43. — 1825. *Explication du plan topographique de l'enceinte antique appellée le mur payen, située autour de la montagne de Sainte-Odile, etc.* Avec plan in-folio. (Strasbourg.)

44. — — *Erklärung des neu aufgenommenen topographischen Plans für die Umgebungen des Odilienbergs, etc., einschliessenden Heidenmauer und der umliegenden Denkmäler, etc.* Avec planche in-folio. (Strasbourg.)

45. — — THOMASSIN (capitaine d'artillerie). *Plan topographique de l'enceinte antique dite Mur Payen, située autour de la montagne de Sainte-Odile, sur le versant oriental des Vosges,* etc. Planche in-folio lithographiée par Desmadryl jeune, imprimée par G. Engelmann.

46. — 1826. (KARTH, J.-N.) *Vues pittoresques des environs de la montagne de Sainte-Odile,* etc., *dessinées d'après nature et lithographiées par un amateur.* Douze planches octavo, en deux livraisons. (Strasbourg.)

Les mêmes vues, plus trois autres planches, ont été publiées avec le titre lithographié : *Der Odilienberg und seine Umgebungen.* (Strasbourg.)

47. — 1826. RÆSS (évêque de Strasbourg) et WEISS (évêque de Spire). *Leben der Väter und Märtyrer, nebst andern vorzüglichen Heiligen.* 13 Déc. *Leben der h. Odilia.* (Mayence.)

48. — 1828. SCHWEIGHÆUSER et de GOLBÉRY. *Antiquités de l'Alsace, ou châteaux, églises et autres monuments des deux départements du Rhin, avec un texte descriptif.* (Tome II, Strasbourg.)

49. — — STŒBER, Ehrenfried. *Kurzgefasste Lebensgeschichte der heiligen Odilie.* (Strasbourg.)

50. — 1834. REY, Lucien. *Notice historique sur la montagne de Sainte-Odile,* etc. (Strasbourg.)

51. — 1835. STROBEL, Adam-Gauthier. *Beschreibung von Hohenburg oder dem Sanct-Odilienberg, sammt umliegender Gegend.* Deuxième édition de l'ouvrage de Silbermann (1781); avec un atlas de 19 planches gravées. (Strasbourg.)

52. — 1837. HUNKLER, Th.-Fr.-X. *Histoire des Saints d'Alsace.* 13 Déc. *Sainte Odile, première abbesse de Hohenbourg, patronne de l'Alsace.* (Strasbourg.)

53. — — *Vie de sainte Odile, accompagnée des litanies, d'une neuvaine, de l'ordinaire de la messe, etc.* (Strasbourg, sans date.)

54. — 1838. KUHN (abbé). *Die heilige Odilia, ihr Vaterland, Herkommen, Leben und Hinscheiden,* etc. Strasbourg.)

55. — — 1844. Deuxième édition. (Colmar.)

[1] Il existe une édition de l'atlas avec planches coloriées d'après les miniatures de l'original.

56. — 1839. HIRTZ, Daniel. *Der Odilienberg. Eine vaterländische Erzählung für Kinder und Kinderfreunde.* (Strasbourg.)

57. — 1839-1840. LE NOBLE, Alexandre. *Notice sur le Hortus Deliciarum, encyclopédie manuscrite... par Herrade de Landsberg.* Publiée dans le tome Ier de la Bibliothèque de l'École des Chartes. (Paris.)
Le même ouvrage, tirage à part. (Paris, s. d.)

58. — 1841. FINK. *Die Lilie von Randen : das Leben der heiligen Odilia, Kirchenpatronin zu Randegg im Hegau, in Versen erzählt.* Poésie. (Schaffhouse.)

59. — 1842. SCHWEIGHÆUSER, J.-G. *Énumération des monuments les plus remarquables du département du Bas-Rhin et des contrées adjacentes, rédigée à l'occasion du Congrès scientifique de 1842.* (Strasbourg.)

60. — — REINER. *Légendes et traditions alsaciennes. Sainte Odile, patronne de l'Alsace.* (Strasbourg.)

61. — — BUSSIERRE, Marie-Théod., vicomte de. *Histoire de sainte Odile, patronne de l'Alsace.* (Paris.)

62. — — 1853. Deuxième édition. (Plancy et Paris.)

63. — 1843. BÆHR, C. *Note sur le Heidenmauer de la montagne de Sainte-Odile.* Publiée dans les Mémoires (Tom. II) du Congrès scientifique de France, dixième session, à Strasbourg, 1842. (Strasbourg.)

64. — 1843. DELCASSO. *Sainte-Odile. Légende alsacienne du huitième siècle.* Poésie. (Strasbourg.)

65. — — 1858. Deuxième édition. (Strasbourg.)

66. — 1844. SCHNEIDER, Jacques. *Beitrag zur Geschichte der alten Befestigungen in den Vogesen. Mit Rücksicht auf das römische Fortificationswesen im südwestlichen Deutschland und im nordwestlichen Frankreich. Mit einem topographischen Plane der Hohenburg und der Heidenmauer bei Strassburg.* (Trèves.)

67. — 1845. BESSON (abbé). *Mémoire historique sur l'abbaye de Beaume-les-Dames.* (Besançon.)

68. — 1846. PITRA (cardinal). *Histoire de saint Léger et de l'Église des Francs au septième siècle.* Chap. XIII : histoire de sainte Odile. (Paris.)

69. — 1849. *Der Pilger nach Sankt Odilien.* (Strasbourg.) Réimprimé en 1863, etc.

70. — 1852. *Lebensgeschichte der heiligen Ottilia.* (Fribourg en Brisgau.)

71. — 1853. *Restauration de l'église et du pèlerinage de Sainte-Odile. Appel aux fidèles.* (Strasbourg.)

72. — 1855. LEVRAULT, Louis. *Sainte-Odile et le Heidenmauer. Traditions, monuments et histoire.* (Colmar.)

73. — 1856. SCHWAB, F. *Die heilige Ottilia und die Heidenmauer. Ueberlieferungen, Denkmäler und Geschichte, aus dem Französischen übersetzt.* (Offenbourg.) Traduction de l'ouvrage de Levrault.

74. — — SCHIR, Nicolas. *Le guide du pèlerin au mont Sainte-Odile. Avec gravures.* (Colmar.)

75. — — 1864. Deuxième édition, revue et augmentée. (Colmar.)

76. — — 1885. Troisième édition, revue et corrigée (Strasbourg.)

77. — 1857. ROTH, Ch.-L. *Der S. Odilienberg.* Dans l'*Alsatia*, de Stœber. (Mulhouse.)

78. — — *Lebensgeschichte der heiligen Ottilia, Patronin des Elsasses.* (Augsbourg.)

79. — 1858. (SCHIR.) *Pèlerinage au tombeau de sainte Odile, ou exercices de piété propres à accomplir saintement cet acte de dévotion, etc.* (Strasbourg.)

80. — — 1867. Deuxième édition. (Strasbourg.)

81. — 1859. (SCHIR.) *La montagne de Sainte-Odile et ses environs. Album contenant vingt vues dessinées d'après nature, accompagnées d'un texte descriptif, etc.* (Strasbourg.)

82. — — 1864. Nouvelle édition, revue. (Strasbourg.)

83. — 1862. PIPER, Ferd. *Die Kalendarien und Martyrologien der Angelsachsen, sowie das Martyrologium und der Computus der Herrad von Landsperg, etc.* (Berlin.)

84. — 1863. J. v. K. *Odilia, nach einer altdeutschen Legende. Poésie* (Ratisbonne.)

85. — 1864. HAUPT, Joseph. *Das Hohe Lied, übersetzt von Willeram, erklärt von Rilindis und Herrat, Aebtissinen zu Hohenburg im Elsass, etc.* (Vienne.)

86. — 1866. GYSS, Joseph (chanoine). *Histoire de la ville d'Obernai et de ses rapports avec les autres villes ci-devant impériales d'Alsace et avec les seigneurs voisins, comprenant l'histoire du mont Sainte-Odile.* (Rixheim).

87. — 1869. WINTERER, Louis (abbé). *Histoire de sainte Odile, ou l'Alsace chrétienne au septième et au huitième siècle.* (Paris et Guebwiller.)

88. — 1871. *Die heilige Odilia, oder das christliche Elsass im siebenten und achten Jahrhundert.* Traduction abrégée de l'ouvrage précédent. (Rixheim.)

89. — — 1883. Deuxième édition. (Rixheim.)

90. — 1872. VOULOT, Félix. *A B C d'une science nouvelle. Les Vosges avant l'histoire. Étude sur les traditions, les institutions, les usages, les idiomes, les armes, les ustensiles, les habitations, les cultes, les types de race des habitants primitifs de ces montagnes, etc.* Avec un atlas de 80 planches lithographiées, in-folio. (Mulhouse.)

91. — 1874. GYSS, J. *Der Odilienberg. Legende, Geschichte und Denkmäler. Vollständige und ausschliesslich nach Quellen bearbeitete Monographie des Odilienbergs, zugleich ein Beitrag zur Frühgeschichte des Elsasses.* Avec une planche. (Rixheim.)

92. — — (SCHRICKER, Aug.) *Der Odilienberg. Aus dem Vogesenführer erweitert und ergänzt. Mit einer Karte des Odiliensbergs und seiner Umgebung, etc., von Dr. Julius Euting.* (Strasbourg.)

93. — 1876. KRAUS, Fr.-X. *Kunst und Alterthum in Elsass-Lothringen ; beschreibende Statisti . T. I⁰ʳ. Basse-Alsace.* (Strasbourg.)

94. — 1878. TOUCHEMOLIN, Alfred. *Le Mont Sainte-Odile. Notes et croquis.* Album de 25 planches in-fol. oblong, lithographiées en noir et couleurs. (Strasbourg.)

95. — — HARTFELDER, Ch. *St. Ottilien und seine Legende. Vortrag gehalten am 12. Dez. 1877 im historischen Verein zu Freiburg i. Br.* Publié en tête de l'Annuaire de Fribourg pour 1878. (Fribourg.)

96. — 1880. FRANZZ, Amédée. *St. Odilia. Die Legende vom Leben und Wirken der heiligen Patronin des Elsasses. Nach den zehn Wandgemälden in der St. Odilienkapelle des Klosters St. Odilien dargestellt. Poésies.* (Sélestat.)

97. — 1886. MAMPELL, Fr.-J. *Die Heidenmauer auf dem Odilienberg im Elsass. Ein Beitrag zur Veranschaulichung altgermanischer und gallischer Sitten und Verhältnisse am Oberrhein.* (Strasbourg.)

98. — 1879-1887. STRAUB, Al. (chanoine). *Hortus Deliciarum par l'abbesse Herrade de Landsperg. Reproduction héliographique d'une série de miniatures calquées sur l'original de ce manuscrit du douzième siècle. Avec texte explicatif.* Cinq livraisons in-folio avec 50 planches. (Strasbourg.) L'ouvrage, encore en cours de publication, comprendra huit à dix livraisons de 10 planches chacune.

99. — — (ECK, Nicolas.) *Der Pilgerort St. Odilien und dessen Umgegend, in 21 Wanderungen mit eingestreuten Unterredungen über wichtige Zeitfragen, topographisch und historisch dargestellt und durch naturgetreue Abbildungen erläutert.*

Manuscrit en 21 volumes in-folio avec un grand nombre de dessins, par feu le chanoine Eck, curé de Barr. Cet ouvrage, écrit il y a une vingtaine d'années et que nous n'avons trouvé mentionné dans aucun des livres contemporains sur *Sainte-Odile*, appartient aujourd'hui à la bibliothèque de l'Université de Strasbourg.

Aux ouvrages cités dans notre bibliographie il convient d'ajouter les travaux particuliers consacrés aux divers monuments de Sainte-Odile par nos historiens et archéologues alsaciens, Louis Schnéegans, Louis Levrault, Louis Spach, MM. les chanoines Schir, Straub, Gyss et Guerber, et d'autres, dans la *Revue d'Alsace*, le volume du *Congrès archéologique de France* (séance générale, tenue à Strasbourg en 1859), la *Revue catholique de l'Alsace*, le *Bulletin de la Société pour la conservation des monuments historiques d'Alsace*, etc.

TABLE DES MATIÈRES